Anabelle Stehl

TRUSTING YOURSELF

Steh zu dir und für dich ein

Foto © Nicole Böhm

ANABELLE STEHL ist Autorin und lebt in Hamburg. Sie liebt Bücher, Videospiele und lange Spaziergänge. Obwohl sie es meistens schafft, für sich einzustehen, kämpft sie immer noch gegen ihr Impostor-Syndrom.

Website: anabellestehl.de
Instagram: anabellestehl
TikTok: anabellestehl
Twitch: nervenausstehl

Die Bücher von Anabelle Stehl bei LYX:

Trusting Yourself – Steh zu dir und für dich ein

Die *Irland*-Reihe:
1. Songs of Emerald Hills
2. Dreams of Sapphire Seas

Die *Away*-Reihe:
1. Breakaway
2. Fadeaway
3. Runaway

Die *Worlds*-Reihe:
1. Worlds Collide
2. Worlds Apart
3. Worlds Beyond

Weitere Bücher der Autorin sind bei LYX in Vorbereitung.

ANABELLE STEHL

trusting YOURSELF

STEH ZU DIR UND FÜR DICH EIN

LYX

LYX in der Bastei Lübbe AG

NACHHALTIG PRODUZIERT

Die Bastei Lübbe AG verfolgt eine nachhaltige Buchproduktion. Wir verwenden Papiere aus nachhaltiger Forstwirtschaft und verzichten darauf, Bücher einzeln in Folie zu verpacken. Wir stellen unsere Bücher in Deutschland und Europa (EU) her und arbeiten mit den Druckereien kontinuierlich an einer positiven Ökobilanz.

FSC www.fsc.org MIX Papier | Fördert gute Waldnutzung FSC® C002795

Textredaktion: Klaudia Szabo
Umschlaggestaltung: © Jeannine Schmelzer, Bastei Lübbe AG
unter Verwendung von Motiven von © Nikiparonak/Shutterstock
Abbildungen innen: © Nikiparonak/Shutterstock
Layout und Satz: fuxbux, Berlin
Gesetzt aus der Athelas
Druck und Verarbeitung: Livonia Print, Riga
Printed in Latvia
ISBN 978-3-7363-2219-6

1 3 5 7 6 4 2

Weitere Informationen unter:
lyx-verlag.de
luebbe.de | lesejury.de

Für alle, die gerade auf dem Weg zu sich selbst sind.
Wir gehen das gemeinsam an.
Jeden Tag einen kleinen Schritt weiter.

Inhalt

VORWORT

Hallo!

Ich freue mich, dass du zu diesem Buch gegriffen hast. Vielleicht hast du es geschenkt bekommen, vielleicht hast du es dir selbst gekauft – egal, wie es zu dir gefunden hat: Ich hoffe, dass *Trusting Yourself* dir dabei hilft, dich selbst besser kennenzulernen, dir mehr zu vertrauen, für dich einzustehen und deine Ziele anzugehen. Es soll dir nicht dabei helfen, dich selbst zu optimieren. Du bist schon toll so, wie du bist. Es soll dich vielmehr dabei unterstützen, das zu erreichen, was du dir vornimmst, das einzufordern, was dir zusteht, und mit dem abzuschließen, was dir nicht guttut.

Doch bevor ich dir erzähle, was dich hier erwartet, erst einmal zu mir: Ich bin Anabelle, SPIEGEL-Bestseller-Autorin, leide trotzdem am Impostor-Syndrom, hatte jahrelang Komplexe wegen meines Aussehens und war Workaholic – so sehr, dass ich bei jeder noch so kleinen Pause direkt ein schlechtes Gewissen hatte. Gleichzeitig war ich aber auch stolz auf dieses Mindset. Dass *ich* dieses Buch jetzt schreibe, in dem es genau darum geht, diese Gedanken loszulassen, ist etwas ironisch. Denn in den folgenden

Kapiteln erzähle ich, was ich auch erst lernen musste. Ich weiß, dass negative Gedanken uns selbst gegenüber ein Käfig sein können, aus dem es immer schwerer wird, auszubrechen. Ich weiß leider auch, dass niemand uns den Schlüssel für diesen Käfig geben kann – außer uns. Kein Freund, keine Freundin, nicht deine Eltern, kein Partner und keine Partnerin, sondern nur du.

Ich musste das auf die harte Tour lernen und habe ein Burnout und einige Stunden Therapie hinter mir. Nicht, dass daran etwas schlimm wäre, aber wenn dir *Trusting Yourself* ein klein wenig dabei hilft, achtsamer mit dir umzugehen, dann habe ich bereits erreicht, was ich mir für dich erhoffe. Das Buch ist für alle, die mehr auf sich vertrauen wollen, ihr Fundament in sich suchen oder es festigen möchten. Es ist dabei ganz egal, in welcher Lebensphase du gerade bist, ob du zur Schule gehst, zur Uni, schon mitten im Berufsleben steckst oder dich irgendwo dazwischen befindest. Es ist nie der falsche Zeitpunkt, uns selbst Zeit zu schenken und in uns zu horchen.

Du kannst dieses Buch chronologisch lesen und mit mir gemeinsam auf die Reise gehen. Womöglich liegt dir aber auch gerade ein Thema besonders am Herzen – dann spring gern direkt zu dem jeweiligen Kapitel. Es gibt immer wieder kleine Übungen, bei denen du dir Zeit nehmen kannst, das Gelesene, aber auch dich selbst zu reflektieren. Da ich persönlich jemand bin, der diese regelmäßig überspringt, sich vornimmt, sie zu einem anderen Zeitpunkt zu machen, und dann doch nie wieder zurückblättert: Wenn du merkst, dass das jeweilige Kapitel dich anspricht oder etwas in dir lostritt, dann mach am besten auch die Übungen, sie helfen tatsächlich (auch etwas, das ich erst lernen musste).

Wenn du später noch einmal zu diesem Buch greifst, kannst du außerdem sehen, wie weit du schon gekommen bist, aber auch, welche Zweifel dich vielleicht immer noch begleiten.

Nimm dir Zeit für dieses Buch, nimm dir Zeit für dich. Beobachte, was beim Lesen mit deinen Gedanken passiert. Wir sind nie allein in dem, was wir fühlen, dennoch sind Gefühle sehr individuell. Es kann gut sein, dass meine Erfahrungen von deinen abweichen. Finde deine eigenen Beispiele, wenn ich von meinen Erlebnissen spreche. Obwohl ich es auch in den Kapiteln sage, möchte ich hier noch einmal betonen, dass ich keine Psychotherapeutin oder Ärztin bin und dir daher – leider – nicht bei psychischen Erkrankungen helfen kann. Kein Buch und keine Achtsamkeitsübung wird beispielsweise eine Depression heilen. Wenn du glaubst, dass du davon oder von einer anderen Krankheit betroffen bist, oder wenn deine negativen und dunklen Gedanken zu schwer für dich werden, dann findest du am Ende des Buchs Telefonnummern und Websites, an die du dich wenden kannst. Denn dir Hilfe zu suchen, ist mit Sicherheit einer der größten (wenn auch schwierigsten) Akte der Selbstliebe.

Damit aber genug vorab. Ich wünsche dir ganz viel Spaß beim Lesen, eine gute Zeit trotz sicher auch schwieriger Themen, die in dir arbeiten werden. Sei geduldig mit dir – Selbstvertrauen wie auch Selbstakzeptanz sind Prozesse. Dass du heute damit anfängst, ist schon ein großartiger Schritt zu dir selbst!

Alles Liebe

Anabelle

»Du trägst alles, was
du brauchst, um
diese Welt zu meistern,
bereits in dir.«

WORLDS APART

Warum sind alle anderen schöner, besser und klüger?

Vergleichst du dich mit anderen? Wenn du *Nein* sagst: Schlag dieses Buch zu, oder überspring zumindest das erste Kapitel. Herzlichen Glückwunsch, du hast das Leben gemeistert. Bitte, bitte, bitte bring mir bei, wie. Denn bei allem, was ich gelernt habe, und so weit ich auch gekommen sein mag – gänzlich los werde ich das Vergleichen wohl nie.

Wenn deine Antwort aber *Ja* lautet, du es kennst, mit einem schlechten Gefühl Instagram und TikTok zu schließen, die Zwei in Englisch nicht genießen zu können, weil deine Freund:innen eine Eins haben, neidisch zu sein, weil scheinbar alle mehr erreichen, besser aussehen, mehr verdienen, die tolleren Urlaube haben, Sport, gesunde Ernährung und auch noch ihren Haushalt schaffen – dann bist du hier genau richtig. Und du bist vor allem nicht allein, denn ich kenne diese Vergleiche. Und weißt du was? All die Leute, die du so bewunderst? Die kennen sie auch. Wir alle vergleichen uns, und in gewisser Weise ist das nicht verkehrt und hat uns evolutionär betrachtet einige Vorteile verschafft, denn um zu überleben, mussten wir uns anpassen – und das gelang uns, indem wir uns mit dem verglichen haben, was als die Norm betrachtet wurde. Früher war es beispielsweise nötig, sich dem sozialen Stand gemäß zu verhalten, wenn man unbeschadet durchs Leben gehen wollte. Damals jedoch haben sich Menschen nur mit ihrem unmittelbaren Umfeld verglichen, heute ist dieses durch das Internet weit geöffnet.

Eine solche Norm gibt es noch immer, und manchmal kann es das Leben erleichtern, sich dieser anzupassen. Gerade in Gruppensituationen wie in der Schule können für viele, die »anders« sind, Sprüche und Mobbing an der Tagesordnung sein. Dieses Buch soll dir helfen, dein wahres Ich zu leben. Es soll dich empowern, dir selbst treu zu sein und für dich einzustehen, Grenzen zu ziehen und dadurch glücklicher und achtsamer durchs Leben zu gehen. Doch ich weiß auch, dass ich nicht auf jede individuelle Situation eingehen kann und dass es nicht immer so einfach getan wie gesagt ist. Ich kenne Situationen, in denen Ausgrenzung sehr viel schlimmer war, als mich kurz zu verstellen, und ich will auf keinen Fall, dass du dich schlecht fühlst, weil du nicht immer dein »wahres Ich« lebst. Hab daher kein schlechtes Gewissen, wenn du Ansätze in den folgenden Kapiteln nicht umsetzen kannst oder es vielleicht auch gar nicht willst. Du kennst deine Situation am besten. Ich bin lediglich da, um dir die Hand zu reichen – ob und in welchen Situationen du sie ergreifst, bleibt dir überlassen.

Dich nicht mehr oder weniger zu vergleichen ist, wie alles, was mit dem Weg zu dir selbst zu tun hat, ein Prozess. Ich bin selbst noch lange nicht da, wo ich einmal hinwill. Doch ich bin schon ein ganzes Stück weiter als noch vor wenigen Jahren. Als Teenagerin und selbst in meinen frühen Zwanzigern war ich sehr oft neidisch. Das bin ich auch jetzt noch, aber mittlerweile lasse ich Neid zu und weiß, dass er rein gar nichts mit der Person zu tun hat, auf die ich neidisch bin, und alles mit mir selbst. Ich hinterfrage, warum ich neidisch bin, und versuche dann, das Gefühl als Motivator zu nutzen, um meine Ziele zu erreichen.

Wann Vergleiche helfen – und wann sie dich kaputt machen

Wenn wir uns vergleichen, können wir das in zwei Richtungen tun. Es gibt den Aufwärtsvergleich, bei dem wir Menschen betrachten, von denen wir glauben, dass sie besser sind als wir, mehr haben, mehr können – die uns einfach in allem überlegen zu sein scheinen. Und es gibt den Abwärtsvergleich mit Menschen, über die wir uns erhaben fühlen. Ich stelle die wagemutige Behauptung in den Raum, dass du dich häufiger aufwärts vergleichst als abwärts. Denn meist sehen wir viel eher, woran es uns im Vergleich zu anderen mangelt, als alles, was bei uns besser läuft als bei anderen.

Neid kann ein guter Motivator sein. Wenn du neidisch auf die guten Noten deiner Klassenkamerad:innen bist, kann dich das darin bestärken, mehr zu lernen. Vielleicht hättest du wirklich intensiver Vokabeln pauken können. Doch ganz so einfach ist es eben nicht immer, denn jeder Mensch hat andere Voraussetzungen, auch, was das Lernen angeht. Nicht jedem liegt Auswendiglernen. Mir sind Sprachen immer superleicht gefallen, Chemie hingegen war die reinste Qual, ganz egal, wie lange ich mich dahintergeklemmt habe. Hätte ich Chemie, Physik *und* Mathe abwählen können, ich hätte es getan. Wir vergessen bei Vergleichen häufig, dass wir nicht alle gleich gestrickt sind. Manche Familien können sich teure Nachhilfe leisten, andere nicht. Manche haben vielleicht große Geschwister, die bei denselben Lehrenden Unterricht hatten und helfen können, andere sind Einzelkind mit zwei berufstätigen Eltern und das Geld reicht dennoch vorn und hinten nicht, um Nachhilfe zu finanzieren. Manche sind, wie ich, Arbeiterkind und die erste Person in der Familie, die an eine Universität geht – andere haben Eltern, die ebenfalls studiert haben und einen Informationsvorsprung. Und da hört das Ganze noch gar nicht auf: Denn wenn wir neidisch sind und uns mit den Erfolgen anderer vergleichen, vergessen wir häufig nicht nur, dass wir andere Voraussetzungen haben, wir vergessen auch, dass wir uns nur in einem Bereich vergleichen – und all die anderen außer Acht lassen.

Worauf warst du das letzte Mal neidisch, als du auf Social Media unterwegs warst? Auf Like-Zahlen? Auf die perfekte Haut oder die tollen Haare von jemandem? Auf die spannenden Reisen und die tollen Unternehmungen? Bei mir war ein Neidfaktor jahrelang das Äußere. Ich hatte mit Akne zu kämpfen und habe mich konstant unwohl gefühlt. Draußen sowieso, denn ich war mir sicher, dass mich jeder angeschaut und nur meine Haut gesehen hat. Doch ins Internet konnte ich mich auch nicht flüchten, denn dort sahen alle noch perfekter aus. Rein rational wusste ich natürlich, dass Bilder bearbeitet werden können – ich habe meine eigenen Pickel ja selbst wegretuschiert und somit zu all dem beigetragen. Und dennoch hat mich diese ganze Perfektion negativ beeinflusst.

Vergleiche dieser Art sind unproduktiv. Vor allem, weil sie niemals aufhören. Irgendwann wurde meine Haut besser, aber haben die Vergleiche aufgehört? Natürlich nicht. Denn dann war ich immer noch zu dünn, viel zu blass und all diese anderen Dinge, die ich mir dank Social Media permanent eingeredet habe. Wenn ich eine Sache geschafft hatte – sei es etwas Körperliches oder ein Erfolg in Uni oder Beruf –, habe ich nicht innegehalten und diesen Erfolg zelebriert. Nope. Ich habe mir die nächste Sache gesucht, auf die ich mich fokussieren konnte. Die nächste Sache an mir oder in meinem Leben, die noch nicht perfekt war.

Weißt du, was mein erster Gedanke war, als mein Debüt *Breakaway* damals auf Platz 11 der SPIEGEL-Bestsellerliste eingestiegen ist? Es war nicht »Oh mein Gott, mein erstes Buch und dann ein Bestseller, das ist ja der Hammer, das Leben ist großartig, danke, Universum!«, sondern: »Na toll, Platz 11, beinahe wäre es in den Top 10 gewesen«. Ich hab mich nicht richtig freuen können, weil ich nur daran gedacht habe, wie viel Luft nach oben noch gewesen wäre. Ist das nicht furchtbar?

Ich habe diese Gedanken ewig lang nicht zugegeben, weil ich mich so für sie geschämt habe, aber es ist wichtig, darüber zu sprechen. Dieses ständige Vergleichen nach oben ist ein ewiger Kreislauf, und aus diesem können wir nicht ausbrechen, solange wir es mit permanenter Selbstoptimierung probieren, ohne all das mit in die Gleichung zu nehmen, was wir bereits erreicht haben und was uns beeinflusst. Wir brechen erst daraus aus, wenn wir uns und unsere Leistungen vollumfänglich erkennen.

Was, wenn du genau jetzt, in diesem Moment, bereits die bestmögliche Version deiner selbst bist? Das heißt nicht, dass du dich nicht verändern und entwickeln kannst und sollst. Es heißt nicht, dass da nicht noch mehr geht – das geht immer. Es bedeutet nur, dass da so viele Dinge sind, die uns beeinflussen: Eltern, Finanzen, Schule, Berufsweg, Freundschaften und romantische Beziehungen, private Rückschläge und Erfolge – du bist eine Summe aus alldem. Nur weil etwas besser geht, bedeutet das noch lange nicht, dass du in dem Moment nicht alles daran gesetzt hast, was du mit den dir gegebenen Voraussetzungen konntest. Es bedeutet nicht, dass du nicht jetzt schon gut bist, genau wie du bist. Selbstoptimierung sollte nicht heißen, dass du dich so lange verbiegst, bis du brichst. Es sollte lediglich das Positive, was bereits in dir ist, nach außen kehren.

Und wenn du eine Summe aus all diesen Dingen bist, dann bedenke immer, dass es bei jedem anderen Menschen genauso aussieht – nur dass du ihre Voraussetzungen eben nicht kennst. Wie soll ein Vergleich da jemals fair sein? Du vergleichst deinen Alltag mit ihren Highlights. Und das ist ein Spiel, das du nur verlieren kannst.

Sechs Wege AUS DER NEIDSPIRALE

Doch einfach aufhören ist leichter gesagt als getan, nicht wahr? Überleg dir, ob es Vergleiche gibt, die eine positive Auswirkung haben, dich dazu motivieren, etwas zu verändern, was dich stört. Ich folge beispielsweise Food-Accounts, die sehr viel gesünder kochen als ich. Ich werde vermutlich niemals einer dieser Menschen, der morgens grüne Smoothies statt Kaffee trinkt, aber ab und an überzeugt mich ein Gericht und motiviert mich, etwas Gesundes nachzukochen. Das ist natürlich ein sehr individuelles Beispiel, und Essen ist ein sensibles Thema, aber sicher kennst du Menschen, auf die du neidisch bist, die dich gleichzeitig jedoch motivieren. Für alle anderen Fälle habe ich sechs Tipps, wie du mit Neid umgehen kannst.

Bewunderung, Neid und Missgunst: Wo ist der Unterschied?

Es gibt unterschiedliche Definitionen der drei Wörter. Damit keine Missverständnisse aufkommen, erkläre ich dir kurz, wie ich die Begriffe verwende und wo bei mir die Unterschiede in ihnen liegen. Neid wird beispielsweise häufig als etwas rein Negatives beschrieben – für mich hingegen ist es das nicht wirklich.

- **BEWUNDERUNG:** Bewunderung ist eine positive Emotion, bei der du die Erfolge und Eigenschaften einer anderen Person bewunderst, sie aber in keiner Weise negativ mit dir selbst verknüpfst.
- **NEID:** Neid ist auf den ersten Blick eine negative Emotion, die entsteht, wenn du eine Person für etwas bewunderst und ihr etwas neidest, das du selbst auch gern hättest. Du fühlst dich dabei in der Regel nicht gut, weil du einen Mangel erkennst, etwas, an dem es dir fehlt. Es ist aber ein nach innen gerichtetes Gefühl – du fühlst dich vielleicht nicht prima damit, aber du projizierst das nicht auf die andere Person, machst ihr keine Vorwürfe, sondern – wenn überhaupt – eher dir.
- **MISSGUNST:** Missgunst ist in gewisser Weise eine übersteigerte Form des Neids, bei der du eine Person um Erfolge, Qualitäten oder Ähnliches beneidest und ihr diese nicht gönnst. Es ist eine destruktive Emotion, die das zwischenmenschliche Verhältnis stark beeinflussen kann.

1. Visualisieren

Mach dir Moodboards und Bucketlists mit Dingen, die du erreichen möchtest. Dir etwas zu visualisieren, dir wirklich zu überlegen, was du in deinem Leben möchtest und was nicht, kann helfen, dich darauf zuzubewegen. Nimm dir Zeit dafür und versuche, dich bei der Planung frei von Vorstellungen anderer zu machen. Es soll dein Moodboard sein, voll mit Dingen, die für dich Glück bedeuten. Was deine Eltern und Freund:innen denken oder was die Gesellschaft für richtig hält, ist dabei egal.

Schau dir dieses Moodboard voll von Erlebnissen, Dingen und Orten, die *du* möchtest, an, wann immer dich Erfolge anderer herunterziehen. Warum sie das nicht müssen, dazu kommen wir noch, aber sind wir mal ehrlich: Manchmal tun sie das einfach, ganz ohne dass wir das wollen. Achte darauf, dass du nicht nur Erfolge listest, die du realistisch gesehen erst in vielen Jahren erreichen kannst – das altbekannte Bild des Hauses mit Garten, Hund und Apfelbaum –, sondern auch Dinge, die du schon früher anpacken kannst: eine schöne Wohnung mit vielen Pflanzen zum Beispiel. Wenn ein eigener Hund noch nicht möglich ist, kannst du im Tierheim welche ausführen. Wenn eine große Reise finanziell gerade nicht geht, wie wäre eine kleinere in umliegende Orte? Viele lassen sich, gerade als junger Mensch, günstig mit dem Zug erreichen. Schieb nicht alles auf die lange Bank, nur weil es noch nicht das perfekte Endresultat ist. Es darf ein Hostel sein, bevor es ein Hotel ist, eine Wohnung, bevor es ein Haus ist, ein Badesee, wenn es für den Strand gerade nicht reicht.

Mein Moodboard – dream big

Buchetlist

- ....
- ....
- ....
- ....
- ....

2.
Mut zur Wahrheit – dir selbst gegenüber

Gestehe, dass du neidisch bist. Erst einmal dir selbst, denn manchmal ist schon dieser Schritt härter, als man denkt. Neid wird immerhin als eine ziemlich negative Angewohnheit dargestellt, dabei kenne ich persönlich keinen einzigen Menschen, der nicht ab und zu neidisch ist. Lass ihn zu. Frag dich, worauf genau du neidisch bist. Wenn wir andere um etwas beneiden, dann in der Regel, weil wir glauben, einen Mangel in uns selbst zu erkennen. Beobachte, ob es immer wieder dieselben Dinge sind und ob sich das auf etwas zurückführen lässt, was dich wirklich in deinem Leben stört und was du ändern kannst. Wenn ja: Überlege, wie. Wenn nein: Akzeptiere den Neid, aber lass ihn auch wieder los.

3.
Mut zur Wahrheit – anderen gegenüber

Gestehe anderen, dass du neidisch bist. Zugegeben, das erfordert etwas Mut und ist auch nicht immer angebracht, da es negativ aufgefasst werden kann. Aber manchmal hilft es, offen darüber zu reden, anstatt das Gefühl in dich hineinzufressen und so womöglich Beziehungen zu gefährden. Ein offener Umgang mit Gefühlen hat in der Regel positive Konsequenzen – nur wenn du sie kommunizierst, erfahren andere, was in dir vorgeht. Sie können dir neue Perspektiven aufzeigen, vielleicht hilft es aber auch bereits, wenn dir jemand mit Empathie begegnet.

Du kannst mit jemand Unabhängigem darüber reden, mit einer Freundin beispielsweise. Ist sie auch neidisch? Kennt sie dieses Gefühl? Seid ihr manchmal sogar auf dieselben Dinge neidisch? Glaub mir, diese Gespräche sind so erleichternd, und wir sollten sie viel häufiger führen, anstatt diese Gedanken unter Verschluss zu halten.

Wenn du ganz mutig bist: Rede mit der Person, auf die du neidisch bist. Wenn du beispielsweise eine Kommilitonin für ihre tolle Art zu präsentieren beneidest, sag ihr, dass du sie bewunderst und wünschtest, du könntest das ebenso gut. Vielleicht hat sie sogar einige Tipps? Vielleicht kann deine Klassenkameradin dir zeigen, wie sie ihre Haare so toll hinkriegt. Vielleicht ist dein bester Freund überrascht, dass du auf seine lockere Art und seinen Humor neidisch bist, weil er wiederum deine Besonnenheit beneidet.

4. Für andere sind deine Schwächen deine Stärken

Denn damit kommen wir zum nächsten Punkt: Leute beneiden dich. Falls du gerade »Nein« gedacht hast: Doch. Die Wahrscheinlichkeit, dass wir beide uns nicht kennen, ist groß. Dennoch kann ich mit ziemlicher Sicherheit sagen, dass es Leute in deinem Leben gab, gibt und geben wird, die auf dich und Dinge, die du hast oder die dich ausmachen, neidisch sind. Frag deine Freundinnen und Freunde einmal, was sie an dir besonders bewundern und schätzen. Auch das kostet Überwindung, immerhin wollen wir ja nicht nach Komplimenten fischen, aber ich bitte dich: Tu es. Sag ihnen meinetwegen, dass ich es dir befohlen habe. Wir selbst sind mit uns immer viel strenger, als wir es mit einer guten Freundin wären, also lass dir von deiner guten Freundin sagen, wie toll du bist. Schreib dir die Worte auf oder lass sie dir gleich per Nachricht oder Brief geben. Lies sie, speichere sie, kleb sie mit auf dein Moodboard. Verinnerliche sie. Du bist nicht nur, was du in dir siehst. Du bist auch, was du noch nicht sehen kannst. Doch vielleicht tun es die anderen ja bereits.

Ich war immer eine superruhige Schülerin, hatte miese mündliche Noten, habe Referate gehasst und wurde als still und schüchtern abgestempelt – dabei war ich daheim und in meinem Freundeskreis das genaue Gegenteil. Diesen Stempel habe ich aber übernommen und meine ruhige Art ganz lange als etwas Negatives gesehen. Ich war neidisch auf alle, die einen Raum für sich beanspruchen konnten, sich meldeten, Vorträge hielten, als wäre es nichts, während ich schon morgens vor der Schule nervös war. Erst Jahre später hat mein Chef es dann geschafft, diese vermeintliche Schwäche als eine meiner Stärken hervorzuheben. Er meinte, dass er wüsste, dass er sich auf mich verlassen könne, weil ich, egal, wie stressig es wird, stets die Ruhe bewahre und dadurch auch mehr Gelassenheit in mein Team bringe. Es war ein fordernder Job mit etlichen Aufgaben und Dingen, die es zu organisieren galt. Es war meine erste richtige Anstellung in der Buchbranche. Plötzlich wurde meine ruhige Art, die mich in manchen Fächern eine ganze Note runtergezogen hatte, der

Grund, weshalb mein Chef mir einen Auftrag zuteilte, den ich mir selbst niemals zugetraut hätte. Spoiler Alert: Mein Chef hatte recht, und ich hatte unrecht. Ich hab die Aufgabe, die ich mir niemals zugetraut und nach der ich niemals gefragt hätte, geschafft und bin daran gewachsen. Vielleicht ist das, was du als Schwäche ansiehst, in Wahrheit eine deiner Stärken. Du weißt es nur noch nicht.

5. Eliminiere die Auslöser

Wenn gar nichts hilft und du in einer negativen Spirale feststeckst: Zieh dich ein wenig von Social Media zurück – davon ausgehend, dass die sozialen Medien Auslöser für den Neid sind, denn meist sind sie das. Wenn du richtig mutig bist, dann wirf die Apps eine Weile von deinem Handy. Schau, wie es dir ohne die ständigen Einflüsse auf Instagram oder TikTok geht. Nutz die Zeit für etwas, was dir guttut. Spiel Sims, geh spazieren, lies ein Buch, schmeiß einen Euro für jeden geschafften Tag in eine Spardose, und kauf dir am Ende etwas davon. Falls du gerade denkst, dass das klingt wie ein Entzug, hast du recht.

Vereinfacht gesagt, wird bei der Nutzung von Social Media Dopamin in unserem Gehirn ausgeschüttet. Dopamin wird als Glückshormon bezeichnet, allerdings sorgt es in erster Linie für die Wiederholung von Handlungen und ist daher eng mit Sucht verbunden. Klar, oft macht der Blick aufs Handy glücklich. Ich bleibe darüber mit meinen Freund:innen und Eltern in Kontakt, und ich sehe genug TikToks über Taylor Swift oder süße Hunde, die mich wirklich glücklich machen – aber der Griff zum Handy selbst erfolgt eben meist nicht aus dem Grund, glücklich sein zu wollen, sondern aus einer Art Zwang. Ich finde das Wort »Sucht«, das bei der Nutzung von Social Media häufig genutzt wird, etwas hoch gegriffen, da es echte Suchtkrankheiten verwässert, aber wir alle kennen es sicher, dass wir wie automatisiert nach dem Handy greifen, obwohl es keinen Anlass dazu gibt. Das Problem dabei ist, dass der Blick in die sozialen Medien uns aber häufig nicht glücklich macht. Er sorgt oft für das genaue Gegenteil. Neurowissenschaftler Robert Sapolsky bezeichnet das Ganze als »the magic of maybe«, also als »der Zauber des Vielleichts«, weil wir nie genau wissen, was uns erwartet, unser Gehirn den Griff zum Handy aber dennoch fest mit Belohnung verknüpft.

Falls du jetzt denkst: Wieso erzählt mir diese Frau das, sie ist doch selbst ständig auf Instagram? Stimmt. Doch ich habe mich vor Kurzem von einigen Netzwerken getrennt: Facebook, Twitter bzw. X, Bluesky und Threads sind geflogen. Selbst das hat bereits enorm viel gebracht für meine mentale Gesundheit. Von Instagram und TikTok konnte ich mich nicht trennen, habe die Nutzung im Vergleich zu früher allerdings stark eingeschränkt. Doch ich habe auch erkannt, dass mir Social Media Spaß macht – ich muss den Plattformen nur eine Art Maulkorb anlegen. Falls Löschen für dich also nicht infrage kommt, dann ja vielleicht das, was ich ausprobiere:

- **SETZ DIR FESTE OFFLINE-ZEITEN.** Für mich heißt das aktuell: keine sozialen Medien abends im Bett. Kein ewig langes Scrollen durch TikTok. Statt Taylor-Swift-Videos hab ich jetzt wieder ein Buch vor der Nase. Tatsächlich habe ich mir für abends die meisten Apps geblockt, selbst WhatsApp und meine Mail-App. Hörbücher und Duolingo hingegen funktionieren noch. Auch morgens versuche ich, den sozialen Medien fernzubleiben – nicht bloß wegen der Vergleiche, sondern weil es meine kreativste und produktivste Zeit ist und ich mir diese nicht nehmen möchte. Vielleicht magst du mit ein paar Freundinnen eine Challenge machen: sonntags keine Social-Media-Apps mehr oder abends nach neun das Handy weglegen – dafür lesen oder gemeinsam eine neue Serie bingewatchen?

Mich motiviert es immer ungemein, wenn ich Dinge nicht allein angehen muss und da jemand ist, der mir auf die Finger schlägt, sollten sie doch zum Smartphone wandern. Es gibt auch Apps, die dir dabei helfen. One Sec beispielsweise schaltet sich ein, wenn du ein soziales Netzwerk öffnen willst, bittet dich, einmal durchzuatmen, und fragt dann, ob du es wirklich möchtest. Meine aktuelle Lieblingsapp ist ScreenZen. Sie kickt die Apps zu bestimmten Zeiten – bei mir morgens und abends – vom Handy, sodass ich sie gar nicht mehr sehe und nicht mehr öffnen kann. Oft klicken wir nur aus Gewohnheit auf die Apps oder weil unser Gehirn einen neuen Dopaminschub braucht. Die meisten Handys haben auch einen Timer integriert, den du einschalten kannst und der eine App nach einer gewissen Nutzungsdauer blockiert. Leider lassen die sich recht schnell umgehen. Mich zumindest haben sie nie groß aufgehalten. Ich kann dich aber nur ermutigen, es einmal auszuprobieren – ob du nun merkst, dass du dich mit den Menschen auf Social Media vergleichst oder nicht. Du gewinnst nicht nur Zeit, ganz nebenbei vergleichst du dich auch weniger – einfach, weil du weniger Einflüsse und weniger vermeintliche Perfektion präsentiert bekommst. Okay, im Fall des Serienabends oben hast du natürlich immer noch perfekt geschminkte und bearbeitete Schauspielende vor dir, aber du verstehst sicher, was ich meine.

- **ENTFOLGE LEUTEN, DIE DIR NICHT GUTTUN.** Folge Leuten, die es tun. Du kannst Profile auch zeitweise stummschalten. Wenn du merkst, dass das, was du siehst, eine Wunde in dir aufreißt, die noch nicht verheilt ist: Achte auf dich. Es ist völlig legitim, das, was du konsumierst, so zuzuschneiden, dass es dir guttut. Vermeide Dinge, die dich triggern. Das heißt nicht, dass du den Schmerz ignorieren sollst, denn ihn aufzuarbeiten ist wichtig. Aber tue es in deinem Tempo. Folge mehr Leuten mit deinem Körpertyp, nicht nur denen mit einem, den die Gesellschaft aktuell als normschön erachtet. Folge Menschen, die sich auch ungefiltert zeigen. Folge Menschen, die dir ein Lächeln ins Gesicht zaubern.

6. Stelle dir die eine Frage

Würdest du mit der Person tauschen wollen, auf die du neidisch bist? Klar, ihre Haare sind toll, aber würdest du auch ihr familiäres Umfeld haben wollen? Ihre Noten mögen besser sein, aber würdest du auch ihren Leistungsdruck übernehmen? Diese Person auf Social Media mag Unmengen Geld haben und tolle Ausflüge unternehmen, aber würdest du dafür auch alles andere eintauschen, ohne zu wissen, wie es bei ihr gesundheitlich aussieht? Zwar sind wir in der Regel nur auf ein paar wenige Eigenschaften oder Lebensumstände einer Person neidisch, doch Menschen sind immer die Summe aus mehreren kleinen Teilen.

In den allermeisten, wenn nicht gar allen Fällen kennen wir nicht die gesamten Hintergründe eines Menschen. Wir sehen nur das, was sie uns präsentieren – und die wenigsten zeigen uns online die Wäscheberge im Schlafzimmer, den Streit mit Partner:innen, die miesen Noten oder ganz allgemein die Seiten an sich und ihrem Leben, die sie nicht mögen. Wir erhalten also niemals das Gesamtbild eines Menschen, sondern sehen lediglich einen geringen prozentualen Anteil. Stell dir vor, jemand sieht nur deine besten fünf Prozent – deinen Good-Hair-Day, deine Beförderung, die am schönsten eingerichtete Ecke deiner Wohnung – und würde davon ausgehen, dass das deine einhundert sind. Die Person wäre mit ziemlicher Sicherheit neidisch auf dich, nicht wahr? Dabei weiß sie nicht, wie es in deinem Inneren aussieht, ob du gerade Streit mit der besten Freundin hast, dich allein fühlst und ungenügend. Genauso ist es auch andersherum.

Frag dich also jedes Mal, ob du wirklich neidisch auf die Person bist oder auf einen einzigen Umstand in ihrem Leben, von dem du nicht weißt, wie er zustande kam.

»Once you've accepted your flaws, no one can use them against you«

Angeblich hat George R. R. Martin diesen Satz in seiner Reihe *A Song of Ice and Fire* zum ersten Mal niedergeschrieben, ich persönlich habe ihn vor Ewigkeiten in einem Interview mit Christina Aguilera gehört. Ich war damals riesiger Fan. Ihr Song *Beautiful*, in dem es genau darum geht, seine Andersartigkeit zu lieben oder zumindest akzeptieren zu lernen, hat sehr viel in mir bewegt. Die Worte tun es bis heute: Sobald du deine Fehler akzeptiert hast, kann sie niemand mehr gegen dich verwenden. Ich habe das damals rein auf Äußerlichkeiten bezogen, mittlerweile weiß ich, dass es genauso gut für Charaktereigenschaften gilt. Denn angegriffen und neidisch fühlen wir uns vor allem dann, wenn wir in uns selbst einen Mangel erkennen. Und die Akzeptanz dessen ist der erste Schritt zu einem glücklicheren Selbst.

Wenn du dich beispielsweise überhaupt nicht für Gartenarbeit oder gesunde Ernährung interessierst, wirst du kaum neidisch auf das frisch angebaute Gemüse einer Person sein. Wenn du kein Interesse an Musik hast, sorgt es nicht für emotionalen Konflikt, wenn jemand im selben Raum plötzlich ein schweres Stück auf dem Klavier hinlegt oder am Lagerfeuer die Gitarre auspackt. Wenn dich etwas derart aufwühlt, dann, weil da etwas in dir ist, das sich angesprochen fühlt. Ich habe beispielsweise nie ein Instrument gelernt und war immer neidisch, dass andere

Gitarre, Ukulele oder Klavier so perfekt beherrschen. Ich habe es geliebt, ihnen zuzuhören, da war keinerlei Missgunst, aber ich war neidisch, es nicht auch zu können.

Genauso ist es bei Äußerlichkeiten. Ich war schon immer sehr dünn und habe stets Frauen beneidet, die Kurven hatten, wo bei mir jahrelang einfach keine kommen wollten. In meiner sehr unsicheren Teenager-Phase war ich nicht nur neidisch, ich war missgünstig. Ich habe mich minderwertig gefühlt und unfassbar viel meiner eigenen Unsicherheiten auf andere Frauen projiziert. Hat es mich irgendwie negativ beeinflusst, wie andere Personen im Vergleich zu mir aussahen? Kein Stück. Habe ich das trotzdem angenommen? Absolut. Mein Gewicht hat mir so lange zugesetzt, ich habe es jahrelang als Makel gesehen und keine Kleider oder Röcke getragen, weil ich meine Oberschenkel viel zu dünn fand. Ich habe mich so falsch gefühlt, war so unsicher in mir selbst und meinem Körper, dass die kleinsten Begebenheiten weitere Zweifel in mir hervorgerufen haben: Egal ob direkte Kommentare zu meinem Körper oder Meghan-Trainor-Songs, die sich über dünne Menschen lustig gemacht haben, all das hat mich getroffen. Ganz einfach deshalb, weil ich meinen vermeintlichen Makel kein Stück als Teil von mir akzeptiert hatte. Ich habe mich nie wirklich gefragt, wie ich mich fühle und sehe, sondern mich immer nur durch die Linse gehässiger Bemerkungen betrachtet. Ich denke, das geht vielen von uns so, ganz egal, wie wir aussehen.

Ich erzähle all das übrigens in dem Wissen, dass ich als dünner Mensch es noch hundertmal leichter hatte als Menschen, die mehr wiegen und sich Fatshaming in jeder TV-Show der frühen 2000er geben mussten. Mein Problem ist eines, das überwiegend auf privater Ebene stattfindet, während Menschen, die mehr wiegen als ich, sich in weit größerem Spektrum Gemeinheiten ausgesetzt sehen. Meine Freundinnen haben sich manchmal nicht getraut, Fast Food in der Öffentlichkeit zu essen, aus Angst, jemand mache ihnen einen Vorwurf zu ihrem Gewicht. Ich habe mich nicht getraut, nach dem Essen auf Toilette zu gehen, egal, wie dringend ich musste, aus Angst, jemand werfe mir wieder vor, ich sei magersüchtig. Es ist egal, was wir tun, wir können es niemals allen recht machen. Und das ist okay. Das Streben nach Perfektion ist ein niemals enden wollender Kampf, bei dem wir alle nur verlieren. Das Problem sind nicht wir, das Problem liegt darin, Körper zu kommentieren und eine Körperform über eine andere zu stellen. Menschen werden immer Fehler an dir finden. Bist du für den einen perfekt geworden, bist du es für den anderen nicht länger.

Nur wenn wir das akzeptieren, schaffen wir es, uns wohl in unserer Haut zu fühlen. Es wird immer Tage geben, an denen wir zweifeln, aber es gibt einen Weg, mit sich ins Reine zu kommen und diese Angriffe an sich abprallen zu lassen – die indirekten wie durch Kommentare in TV-Serien und die von direkten Kommentaren auf Social Media. An den meisten Tagen, wie gesagt. Niemand fühlt sich jeden Tag rund um die Uhr wohl in seiner Haut.

Genauso sieht es mit charakterlichen Schwächen aus. Ich habe vor Kurzem *I'm Glad My Mom Died* gelesen, die Autobiografie von Jennette McCurdy, einer ehemaligen *iCarly*-Schauspielerin. In ihrem Buch hat sie etliche Makel zugegeben und gestanden, dass sie unfassbar neidisch auf ihre Co-Schauspielerin Ariana

Grande war. Sie hat ihre unschönen Seiten komplett offengelegt – und wurde mir gerade dadurch sympathisch. Indem sie sich verletzlich gemacht hat, hat sie Stärke gezeigt. Darüber hinaus hat sie kritischen Stimmen direkt den Wind aus den Segeln genommen. Stell dir vor, jemand beschuldigt dich, neidisch auf eine Person zu sein, und du streitest es nicht ab, sondern antwortest: *Ja, du hast recht. Ich bin neidisch, ihren Erfolg hätte ich auch gern. Ich beneide und bewundere sie.* Neid ist nicht zwangsläufig etwas Schlechtes. Wenn wir ihn nicht zu Missgunst wachsen lassen und wenn wir ihn uns eingestehen und uns von ihm nicht kleinhalten lassen, können wir mit ihm koexistieren und vielleicht sogar etwas über uns selbst lernen.

Rückblickend sehe ich nie mein Äußeres als Makel, sondern viel eher, dass ich mich so sehr daran aufgehängt habe, dass ich darüber negativ mir selbst und vor allem auch anderen Frauen gegenüber wurde. Das ist das Einzige, was ich mir selbst ankreide. Es fällt mir auch nach wie vor nicht leicht, das zuzugeben, da ich – zumindest behaupte ich das von mir – mittlerweile das genaue Gegenteil bin und andere supporte, wann immer es geht. Ob ich neidisch auf sie bin oder nicht, denn der Neid hat zu null Prozent mit ihnen und zu einhundert Prozent mit mir zu tun. Aber ich nehme mir ein Beispiel an Jennette McCurdy, lege diesen Fehler offen und hoffe, dass wir einfach alle mehr über unsere (vermeintlichen) Makel reden. Ich glaube, es kann nur helfen.

Vielleicht hast du dich ja sogar in den Worten wiedergefunden. Falls ja: Du bist vollkommen okay so, wie du bist. Es geht im Leben nicht darum, wer am beliebtesten ist. Ich kenne dich nicht, also weiß ich nicht, wie viel es dir bringt, das von mir zu hören. Aber ich kann dir versichern, dass du sehr viel härter mit dir ins Gericht gehst, als es irgendjemand sonst tut. Niemand da draußen macht sich so viele Gedanken über dein Äußeres oder deine Fehler wie du selbst. Ich wünschte, ich hätte eine Lösung, die ich dir auf dem Silbertablett präsentieren kann und mit der alles besser wird. Leider musst du diesen Teil der inneren Arbeit jedoch selbst erledigen. Du bist damit allerdings niemals allein.

Vergleich dich (nicht) immer nur mit deiner früheren Version

Kennst du diesen Spruch: Die einzige Person, mit der du dich vergleichen solltest, ist die Person, die du gestern warst? Ich fand den immer toll, weil es schließlich stimmt, dass man sich weiterentwickelt. Mein Alter hat definitiv dazu beigetragen, dass ich entspannter geworden bin – gerade was Äußerlichkeiten angeht. Sicher gilt das nicht für alle Menschen, aber wenn ich dem Feedback meiner Freundinnen und mir selbst glauben darf, dann trifft das definitiv zu. Ich bin jetzt dreißig geworden. Das ist noch nicht alt, auch wenn ich das früher immer geglaubt habe. Aber es ist älter als Anfang zwanzig, und ich kann nur sagen: Gott sei Dank. Denn mit Anfang zwanzig war ich unsicher. Warst oder bist du auch nervös vor Referaten? Ich habe Module an der Uni extra so belegt, dass ich keine Präsentation halten musste. Allein ins Kino gehen wäre einem Todesurteil gleichgekommen, ich war sogar nervös, wenn es unerwartet an der Tür geklingelt hat, ich in irgendeiner Weise mit Situationen konfrontiert wurde, auf die ich nicht vorbereitet war. Falls du dich darin wiedererkennst: Es wird besser. Und wer weiß, vielleicht wäre es auch damals schon besser geworden, hätte ich das Modul einfach belegt, mein Bestes gegeben und meine Präsentation mit dem Geständnis gestartet, dass ich unfassbar nervös bin – um das Thema von vorhin noch einmal aufzugreifen, dass es manchmal gut ist, Schwächen offen nach außen zu tragen. Vielleicht willst du es an meiner Stelle ja einmal ausprobieren und mir berichten?

Was das angeht, kann ich dem Spruch also definitiv zustimmen. Bestimmt gab es einmal eine Zeit, in der du genau da sein wolltest, wo du jetzt bist. In dem Job, mit dem Freundeskreis oder dem Partner beziehungsweise der Partnerin. Sicher hast du Dinge erreicht, von denen du früher geträumt hast.

Früher habe ich mich nicht allein ins Kino getraut, jetzt reise ich sogar allein – und das wirklich gern.

Früher gab es eine Zeit, in der ich kaum Freund:innen hatte, bei denen ich wirklich ich selbst sein konnte – jetzt habe ich den großartigsten Kreis aus Freunden und Freundinnen, die ich mir nur wünschen könnte.

Früher war ich oft super unzufrieden mit meinem Äußeren – heute ist meist sogar das Gegenteil der Fall.

Mach dir eine Liste mit all den Dingen, die du dich jetzt traust, obwohl sie vorher unmöglich für dich schienen. Schreibe alles auf, wofür du dankbar bist, all die Dinge, die sich dein jüngeres Ich gewünscht hätte. Und dann überleg, was in den nächsten Jahren noch alles möglich sein wird. Das ist schon ziemlich großartig, oder?

Doch was, wenn es genau andersherum ist? Wenn du zurückdenkst und etwas vermisst? Die eine Freundschaft, die zerbrochen ist, zum Beispiel. Was, wenn du früher gesund warst, aber jetzt hast du mit einer Krankheit zu kämpfen? Was, wenn du mitten in einer Depression steckst, während du früher unbeschwert durchs Leben gelaufen bist? Dass der Spruch nicht immer hilfreich ist, habe ich festgestellt, als ich an einem absoluten Tiefpunkt war und alles dafür gegeben hätte, die Zeit zurückdrehen zu können. Vergleiche mit meiner vorherigen Version hätten mir nicht geholfen, ganz im Gegenteil: Sie hätten mir den Rest gegeben. Sei deshalb auch bei diesen Vergleichen achtsam und fair zu dir selbst. Das Leben verläuft nicht linear. Manchmal schmeißt es uns mehrere Schritte zurück, und egal, wie sehr wir uns bemühen, wir kommen einfach nicht voran. Das ist okay. Diese Phasen gibt es. Vielleicht hat ein Rückschlag eine Bedeutung für deine Zukunft, vielleicht lenkt er dich in eine neue Bahn oder lehrt dich etwas, was dir später hilft, Hindernisse zu überwinden. Vielleicht aber auch nicht. Vielleicht musst du diese schwere Zeit einfach durchstehen, um danach weitermachen zu können – ohne jegliche Vergleiche. Wenn das Leben unfair zu dir ist, ist manchmal das Einzige, was du tun kannst, fair zu dir selbst zu sein.

Social Media – der Ort, an dem Vergleiche dich mit dem Roundhouse-Kick treffen

Jetzt, da ich mein Alter verraten habe, weißt du vielleicht, dass ich in diesem seltsamen Limbus zwischen »Telefonieren und Internet gleichzeitig geht nicht, nutz bitte eine gedruckte Enzyklopädie für die Schulaufgaben, und drück auf keinen Fall den Internetknopf am Klapphandy!« und »Ich poste alles, und ich meine wirklich *alles*, auf Facebook, Instagram und Twitter« groß geworden bin. Wenn dir deine Eltern sagen, dass früher alles besser war und man sich da noch nicht so viel verglichen hat: Sie lügen. Die ganzen Zeitschriften an der Supermarktkasse haben uns genauso sehr gesagt, was alles nicht mit uns stimmt, wie es Instagram und TikTok jetzt tun. Diät-Rezepte und Fatshaming waren ebenso häufig Schlagzeilen wie scheinbar besorgte Headlines über magersüchtige Stars, deren Essstörung nicht zuletzt Resultat des Bodyshamings der vorherigen Headlines war.

Das Problem sind nicht die sozialen Medien. Ich werde mich in diesem Kapitel sehr viel auf sie beziehen, aber das tue ich nicht, weil ich sie verteufeln will oder weil ich glaube, dass sie die Quelle allen Übels sind. Das sind sie nicht. Während ich dieses Buch schreibe, gibt es auf TikTok beispielsweise die Real-Skin-Bewegung, die echte Haut ungefiltert zeigt, die darstellt, dass man trotz Make-up Poren und Hautunreinheiten sieht. Es gibt Videos, in denen Frauen ihre Cellulite in die Kamera halten, zeigen, wie ein Körper wirklich nach einer Schwangerschaft aussieht – und ich liebe es. Denn das gab es in all der Zeit, in der ich an den zahlreichen Zeitschriften vorbeigelaufen bin, kein einziges Mal. Ich habe einige meiner engsten Freundinnen nur dank Social Media kennengelernt. Das Internet war schon immer der Ort, an dem ich mich mit Leuten austauschen konnte, die es in meinem realen Umfeld damals einfach nicht gab (oder zumindest wusste ich nicht, wo ich sie finde): andere Nerds, Lesende oder Menschen, die Videospiele lieben.

Aber soziale Medien prägen uns eben nicht nur positiv. Denn während ich mich Magazin-Schlagzeilen und Talkshows noch entziehen konnte, sieht das mit den sozialen Medien ganz anders aus: Sie sind allgegenwärtig.

Hast du heute schon Yoga gemacht? Den grünen Smoothie getrunken? Dein Porridge mit perfekt dekoriertem Obst gegessen? Frisch gekocht hast du sicher auch schon und das natürlich in einem perfekt aufeinander abgestimmten Outfit in einer absolut grundgereinigten Wohnung. Man sieht keinen einzigen Pickel auf deiner Haut, Cellulite und Dehnungsstreifen sowieso nicht, deine nächste Reise ist bereits geplant, du hast die wundervollsten Freundinnen und Freunde, trinkst Kaffee nur bei Starbucks – Pumpkin Spice natürlich –, liest unzählige Bücher, bildest dich weiter, lernst viel, bist auf dem besten Weg, Karriere zu machen, und hast immer ein Lächeln auf dem Gesicht. Kein Wunder, denn entweder lebst du in deiner Traumpartnerschaft oder aber du bist glücklicher Single mit etlichen Reisen.

Dass das ein normaler Alltag ist, könnte man zumindest glauben, wenn man sich in den sozialen Medien so umsieht. Okay, außer man schaut in die Kommentarspalten, dann glaubt man, dass alle einfach nur hasserfüllt am Handy sitzen – aber ignorieren wir die mal. *How to be that girl* war eine ganze Zeit lang ein Trend in den sozialen Medien, wobei *that girl* die soeben dargestellte ideale Version eines Menschen meint: gut gelaunt, sportlich, erfolgreich in Beruf und (Selbst-)Liebe, komplett gesund – eben jemand, der sein Leben, seine Garderobe, einfach *alles* im Griff hat. Weißt du, wie viele Menschen ich kenne, die so sind? Keinen einzigen. Hat dieser Trend trotzdem etwas mit mir gemacht? Ja. Weil er eben überall war und weil es komplett egal ist, ob man rein rational weiß, dass das Quatsch ist. Dass niemand täglich die Wohnung im schicken Kleid saugt – vor der laufenden Kamera wohlgemerkt – und gut gelaunt um vier Uhr dreißig zum Sport geht, bevor er auf die Arbeit muss.

Ganz ehrlich? Es gab genug Tage, an denen ich nach dem Vollzeitjob stolz war, es noch zum Yoga zu schaffen. Dafür litt an dem Tag dann die Wäsche oder der Berg an benutztem Geschirr. Gesunde Ernährung war mein Gang zu *Dean and David*, weil ich es neben Hobbys, Freundschaften, Haushalt und Job eben nicht auf die Reihe bekommen habe, mir noch frischen Spinat zu pürieren oder »Meal Prep« zu betreiben. Aber habe ich das gepostet? Nein. Was ich gepostet habe, waren das Yoga, mein schickes Bücherregal, irgendeine schöne, mit Lichterketten dekorierte Ecke meiner Zwei-Zimmer-Wohnung. Nicht gezeigt habe ich die sich stapelnden Pizza-Kartons während einer Deadline oder die Fenster, die ich während meiner gesamten Zeit in dieser Wohnung unangenehm selten geputzt habe.

All die Ideale online haben mich so unter Druck gesetzt, dass ich mir ein Ideal meiner Selbst erschaffen habe, das so nie existiert hat. Das wiederum hat mich dann noch mehr unter Druck gesetzt – ein Teufelskreis. Einer, der uns selbst zerfrisst und auch andere. Denn wenn es mich schon stresst, wie muss es Menschen mit Kindern gehen? Menschen mit Krankheiten – physisch oder psychisch?

Zu sagen, dass soziale Medien eben nicht das echte Leben sind und wir uns das verdeutlichen müssen, finde ich immer etwas zu einfach gefasst. Wir verbringen so viel Zeit im Internet, es *ist* Teil unseres Lebens. Es *ist* das echte Leben, weil wir es zu einem Teil unseres Alltags und unserer Realität machen. Aber es ist zu großen Teilen eben auch eine Scheinwelt.

Was ist Schein und was ist Sein?

Ich habe ja bereits erwähnt, dass ich früher sehr unreine Haut hatte. Das war zu Schulzeiten schon schlimm genug, ich bin aber unendlich froh, dass ich mir zu dieser Zeit nicht noch TikToks und Instagram-Storys mit perfekter, weichgezeichneter Haut geben musste. Selbst heute bin ich oft genug noch frustriert, wenn ich meine Poren mit der scheinbar makellosen Haut von Menschen im Internet vergleiche. Klar, auch das hatten wir früher in Magazinen – aber da waren es eben retuschierte Models. Nun scheint jeder, wirklich jeder, besser auszusehen als man selbst. Doch es gibt ein paar Tricks und Kniffe, um sich aus dieser Gedankenspirale zu befreien.

HINTERFRAGE, WAS DU SIEHST

Bist du gerade frustriert oder sogar neidisch auf das Aussehen einer Person? Mache dir erst einmal bewusst, dass besagte Person das Foto oder Video nicht gepostet hätte, wenn sie in diesem Moment nicht zufrieden mit ihrem Äußeren gewesen wäre. Wenn du gerade im Schlabberlook mit Pickelcreme auf der Couch sitzt, bringt es rein gar nichts, dich mit einem inszenierten Foto einer anderen Person zu vergleichen.

Führe dir außerdem vor Augen, dass Fotos bearbeitet sind. Klar, das wissen wir, aber unser Gehirn nimmt es trotzdem erst einmal als Ganzes wahr – wir können ja auch gar nicht nachvollziehen, was alles bearbeitet wurde. Probiere Filter, die Leute auf TikTok oder in den Storys nutzen, einmal selbst an dir aus. Viele von ihnen vergrößern die Lippen, zeichnen die Haut weich, fügen dunkle, volle Wimpern hinzu – und das auf immer natürlichere Art und Weise. Ich will damit nicht werten, ich will nur klarmachen, dass viele Menschen, die online perfekt scheinen, eigentlich in der Realität gar nicht so aussehen.

Nimm ein Foto von dir und bearbeite es. Das klingt total kontraproduktiv, immerhin soll dir dieses Buch helfen, Vertrauen in dein wahres Ich zu haben, aber probier es einmal aus. Es muss nicht einmal ein Foto sein, auf dem du dich magst. Innerhalb weniger Minuten kannst du jegliche Pickel entfernen, dir atemberaubendes Make-up verpassen, deine Haare voller scheinen lassen, deine Taille schmaler – es ist erschreckend, aber es ist genau das, was du tagtäglich siehst und womit du dich vergleichst. Und mittlerweile ist das bei Videos ebenso möglich wie bei Fotos.

Ich glaube, wenn Menschen sagen, dass soziale Medien nicht das echte Leben sind, meinen sie genau das: die bearbeiteten Fotos, das beschönigte Leben. Denn dieser Teil ist nicht real. Also bitte, bitte, bitte sei fair zu dir selbst und vergleiche dich nicht mit einem Scheinbild. Es ist wie früher auf dem Jahrmarkt, wenn man als Kind in diese körperverzerrenden Spiegel geschaut hat – eigentlich wissen wir, dass wir nicht so aussehen. Wieso also versuchen wir, diesem völlig unrealistischen Bild zu entsprechen?

KÖRPER SIND KEINE TRENDS

Ich habe vorhin schon angesprochen, dass wir es ohnehin nicht jedem recht machen können: Dem einen sind wir zu groß, dem anderen zu klein, dem einen zu dünn, dem anderen zu dick. Doch das ist noch nicht alles, denn leider ändern sich Schönheitsideale ständig. Noch dazu sind sie meist sehr unrealistisch. Die wenigsten Leute haben eine superschlanke Taille, einen flachen Bauch, aber dabei große Brüste und einen runden Hintern. Darüber hinaus sind unrealistische Schönheitsbilder ungesund. Allein die Tatsache, dass das unglaublich dünne Ideal der Neunziger als »Heroin Chic« betitelt wurde, hätte alle Alarmglocken schrillen lassen sollen.

Und wusstest du, dass achtzig bis neunzig Prozent aller cis Frauen Cellulite haben? Übrigens ganz ungeachtet ihres Gewichts – unser Bindegewebe ist einfach anders aufgebaut als das von cis Männern. Bei ihnen verlaufen die Bindegewebsfasern netzartig, bei cis Frauen parallel, damit das Bindegewebe dehnbare Zwischenräume hat und sich die Haut im Falle einer Schwangerschaft ausdehnen kann. Östrogen macht das Gewebe zudem elastischer. Aber natürlich kann jeder Mensch, ungeachtet des Geschlechts, Cellulite haben, und das ist nichts, was es zu fixen gilt.

Als ich dazu recherchiert habe, sprachen die meisten Artikel davon, wie viel Prozent der Frauen unter Cellulite »leiden«. Und da fängt das Problem schon an: Etwas, was völlig normal ist, was so viele Menschen haben, wird als »Leid« deklariert, als etwas, das wir zu ändern hätten. Und so werden Cremes produziert, Sportübungen angepriesen, die etwas bekämpfen sollen, was nie ein Problem war und keinerlei negative Auswirkungen hat.

Während Frisuren sich noch relativ einfach ändern lassen, sieht es mit unseren Körpern anders aus. Dabei sollten Körper keinen Trends unterliegen. Das einzig Wichtige ist, dass du dich wohlfühlst. Frage dich bei negativen Gedanken gegenüber deinem Körper also immer, ob du wirklich unzufrieden mit etwas bist oder ob du es dir gerade einreden lässt – von einer Werbung oder einem Trend online.

Wenn du fitter werden willst: Tu es. Wenn du das Gefühl hast, weniger Kaffee und Zucker würden dir guttun: Probier es aus. Aber bitte, bitte verändere dich nicht, weil du das Gefühl hast, dass andere dich dann mehr mögen, dass du dich selbst mehr liebst, wenn du dünner bist – oder dass du dann eher dazugehörst. Ich habe die Übung weiter vorne schon einmal angesprochen, aber ich möchte sie noch einmal wiederholen: Frag dein Umfeld, was es an dir liebt. Ich bin mir sicher, niemand aus deinem Freundeskreis wird dir deine kleine Kleidergröße nennen oder deine langen Beine oder deine gerade Nase. Viel eher erwähnen sie dein herzliches Lachen, die Art, wie du zuhörst, dass du immer für sie da bist, man mit dir so toll über alles reden kann. Wir lieben Menschen für ihr Inneres, nicht für ihr Äußeres. Wenn wir gern mit Freund:innen zusammen sind, dann nicht, weil sie toll aussehen, sondern weil wir uns bei ihnen aufgehoben und verstanden fühlen.

Dein Körper ist in erster Linie dafür gedacht, dich durch dieses Leben zu bringen. Das tut er nicht besser oder schlechter mit weniger Dehnungsstreifen oder dem aktuellen Idealgewicht, sondern wenn du gut zu ihm bist und darauf hörst, was er dir mitteilt. Dein Körper ist kein Trend und kein Eigentum irgendwelcher externen Ideale, er gehört ganz allein dir.

JEDER MENSCH IST ANDERS UND HAT EIN ANDERES ENERGIELEVEL

Wir haben jetzt sehr viel über das Vergleichen von Äußerlichkeiten gesprochen, doch es gibt selbstverständlich weitere Faktoren, bei denen wir uns – zu unseren Ungunsten – vergleichen können. Ich hab vorhin sehr überspitzt gesagt, dass niemand früh vor der Arbeit mit einem Lächeln aufsteht und Sport macht, aber natürlich gibt es diese Menschen auch. Dennoch brauchst du dich nicht mit ihnen zu vergleichen. Vorsätze wie Sport sind großartig, Bewegung ist wichtig – aber all das ist so individuell. Ich bin Frühaufsteherin, mir fällt es morgens leicht, aus dem Bett zu kommen, und ich wache automatisch spätestens um sieben auf und bin direkt topfit. Unsere Gesellschaft ist auf Menschen wie mich ausgerichtet und trichtert Leuten, die das nicht hinkriegen, gern ein, dass sie faul sind und sich einfach einen Wecker stellen sollen. Dabei ist es wissenschaftlich bewiesen, dass Menschen unterschiedlich ticken. Prof. Dr. Matthew Walker, Autor von *Das große Buch vom Schlaf*, unterscheidet drei unterschiedliche Chronotypen und belegt, dass nicht Faulheit für ein niedriges morgendliches Energielevel verantwortlich ist, sondern Genetik. Wenn du morgens also schwer in die Gänge kommst und dafür eher abends oder nachts zur Höchstform aufläufst, dann bist du nicht etwa faul, sondern einfach so veranlagt. Leider ist unsere Gesellschaft mit ihren klassischen Arbeitszeiten aber nicht darauf ausgelegt, und das, obwohl es so viele Menschen betrifft.

Aber auch davon abgesehen bringt es rein gar nichts, das eigene Energielevel mit dem anderer Menschen zu vergleichen, denn alle empfinden unterschiedliche Dinge als anstrengend. Ich habe sehr viele Leute in meinem direkten Umfeld, die telefonieren hassen und für die soziale Interaktionen generell ziemlich anstrengend sind. Ich persönlich habe damit kein Problem, bin dafür aber zum Beispiel schnell frustriert, wenn ich lange Zeit in Monotonie oder Routinen feststecke. Es ist toll, dass wir alle so anders sind, sonst wäre unser Miteinander doch ziemlich langweilig.

Außerdem kommt es immer auf die Phasen an, in denen wir uns gerade befinden. Wenn es dir mental und körperlich super geht, hast du ein höheres Energielevel, als wenn du erkältet bist – oder aber, wenn es dir psychisch nicht gut geht. Es funktioniert schlicht und ergreifend nicht, immer zu funktionieren. Wenn du nach einem langen Arbeitstag geschafft bist, dann ist das okay. Genauso wie es okay ist, weniger zu schaffen, weil *du* geschafft bist. Die größte Gemeinheit, die du dir selbst antun kannst, ist, dich in diesen Phasen mit anderen zu vergleichen.

TEILE DEINE UNPERFEKTHEITEN MIT DEINEM FREUNDESKREIS

Die Pizzakartons, von denen ich vorhin berichtet habe? Ich habe sie und meine unordentliche Küche doch einmal fotografiert und geteilt – jedoch nicht auf Social Media, sondern als eine Freundin frustriert war, dass sie mit nichts mehr hinterherkommt, weil der Alltag einfach zu viel wurde. Ein Foto und ein *Same* in unserem Chat später ging es ihr nicht nur besser, sondern ich erhielt im Gegenzug auch ein Bild von ihrer Chaos-Ecke. Prompt ging es auch mir besser.

Weil wir beide die Tür zu unserem eigentlichen Leben einen Spalt weit geöffnet haben. Wir haben einander Dinge gezeigt, die wir sonst im Verborgenen halten, und es war unfassbar befreiend. Genau wie ich es oben beim Neid schon gesagt habe: Es hat nur Vorteile, sich selbst und anderen gegenüber Dinge einzugestehen. Ich bewundere alle, die das auch vor einer breiten Masse können, aber oft braucht es das gar nicht.

Schnapp dir ein paar Freund:innen, macht eine Gruppe und teilt neben Erfolgen auch mal die Dinge, die nicht liefen. Die Joggingrunde nach sechshundert Metern wegen Seitenstechen abgebrochen? Bad-Skin-Day? Der Müllstapel in der Wohnung? All das ist okay. Es ist menschlich. Es ist normal, auch wenn du das bei all der Perfektion online nicht glaubst.

Ich hoffe, dieses Kapitel hat dir ein paar Möglichkeiten aufgezeigt, wie du gegen Vergleiche zu deinen Ungunsten vorgehen kannst und wie du es schaffst, produktiv mit Neid umzugehen. Erkenne deine eigenen Stärken an! Neid und Vergleiche sind menschlich, aber lass dich nicht von ihnen beherrschen und vergiss dabei nie, dass du den Menschen, denen du auf deinem Handy oder in deinem Alltag begegnest, in nichts nachstehst. Im folgenden Kapitel schauen wir uns an, wie du die Gedanken dir selbst gegenüber ins Positive wandeln kannst und lernst, dir selbst eine bessere Freundin zu sein.

Die Macht von Worten und Gedanken

Wie bereits erwähnt, mache ich Yoga – ha, ein bisschen gesund lebe ich also doch! –, und Adriene, die YouTube-Instruktorin, die mich vom Downward Dog in irgendwelche anderen Positionen geleitet, sagt immer wieder folgenden Satz: *Thoughts become things:* Gedanken werden zu Dingen bzw. zu Tatsachen. Ich bin nicht spirituell und stehe auch dem Manifestieren, wie man es online immer sieht, etwas skeptisch gegenüber (dazu später mehr), aber im Kern stimme ich dieser Aussage zu. Unsere Gedanken prägen unser Inneres. Wie sollten sie auch nicht?

Wenn du hundertmal gesagt bekommst, dass du nicht singen kannst, glaubst du es irgendwann. Die Aussage wird deine Wirklichkeit. Wenn du hingegen hundertmal Lob für einen selbstgebackenen Kuchen erhältst, dann verinnerlichst du das. Grundsätzlich erst mal kein Problem: Du backst weiter und läufst nicht Gefahr, dich in einer Gesangsshow zu blamieren. Doch das Ganze geht viel tiefer. Negative Kommentare hängen uns meist länger nach als positive. Wenn dir neun Leute ein Kompliment zu deiner neuen Frisur machen, aber Person Nummer zehn sagt, dass die

Haarfarbe dich total kränklich aussehen lässt – worüber denkst du dann länger nach? Über die neun Komplimente oder das eine negative Feedback? Als Kind hatte ich naturrote Haare und habe Sprüche wie diese täglich erhalten. Ich kann sagen: Bei mir war es Letzteres. Sie gingen mir nicht aus dem Kopf, und ich habe als Jugendliche begonnen, mir die Haare blond zu färben, um Hänseleien zu entgehen. Mittlerweile wünschte ich übrigens, sie wären noch so naturrot wie damals. Die Haarfarbe war nie das Problem, meine von außen negativ beeinflusste Wahrnehmung dafür umso mehr.

Worte prägen uns, und genauso sieht es mit unseren Gedanken aus – thoughts become things. Ich bin mir sicher, Adriene meint das Ganze positiv, aber im Negativen funktioniert es leider genauso. Umso wichtiger ist es also, wie wir über uns selbst denken.

Gib anderen nicht die Macht, dich zu definieren

Wenn eine Pflanze nicht blüht, schaust du darauf, was in ihrer Umgebung nicht stimmt, oder gibst du der Pflanze die Schuld?

Die Überschrift des Abschnitts besagt, dass du anderen nicht die Macht geben sollst, dich zu definieren. Es ist aber unbestreitbar, dass unser Umfeld uns formt. Wenn du ständig kleingehalten wirst, wie sollst du dann zu dem heranwachsen, wofür du bestimmt bist? Natürlich ist es ganz wichtig, in dich hineinzuhorchen und die Schuld an allem nicht immer im Außen zu suchen. Diese Art von Selbstreflexion ist wertvoll und erfordert Größe und Mut – aber es ist eben auch wichtig, zu schauen, wann äußere Umstände dich belasten und mitverschulden, dass du nicht sein kannst, wer du sein willst. In diesen Momenten ist es manchmal erforderlich, dein Umfeld zu ändern, sofern es möglich ist. Wenn du merkst, dass du nur noch mit Bauchschmerzen in die Schule gehst, wenn du das Gefühl hast, eine Arbeitskollegin hat dich auf dem Kieker, oder du dich von einem Dozenten nicht ernst genommen fühlst – dann schau, ob es dir möglich ist, etwas an dieser Situation zu ändern. Denke mit deinen Eltern über einen Klassen- oder gar Schulwechsel nach, sprich mit dem Betriebsrat oder einer Mitarbeitervertretung oder geh zum Studiendekan oder dem Studierendenrat, um ein Gespräch über den Dozenten zu führen. Lass nicht zu, dass andere dich gegen deinen Willen, gegen dein Inneres definieren. Das mag in Kleinigkeiten anfangen, wie dass jemand dir konstant sagt, dass du zu laut, zu leise, zu irgendwas bist – und es kann im Mobbing enden. Such dir Hilfe, bevor du dein Seelenheil und deinen Frieden für etwas opferst.

Schau außerdem, welche Kritik du annimmst und welche du getrost ignorieren darfst. Wenn eine Freundin dich auf ein Fehlverhalten hinweist, ist das etwas anderes, als wenn jemand, der dir nicht nahesteht, dich immer und immer wieder kritisiert. Manchmal sogar wegen Dingen, die du nicht ändern kannst oder willst. Selbstreflexion ist wertvoll und wichtig, aber es ist ebenso wichtig, zu erkennen, wenn Kritik aus der Unzufriedenheit deines Gegenübers entsteht. Denn wieso interessiert dein Gegenüber überhaupt, wie du aussiehst, wie du deinen Alltag gestaltest oder welche Ziele du dir im Leben setzt? Wirst du belächelt, weil du ein Buch schreiben willst oder weil du eine außergewöhnliche Reise planst? Oder vielleicht ganz im Gegenteil, weil dir nicht nach Reisen und Abenteuern ist und du deinen Urlaub lieber gemütlich zu Hause verbringst? Wenn jemand solche Dinge kritisiert, dann nicht, weil etwas falsch daran ist – es ist schließlich dein Leben, du tust niemandem mit diesen Entscheidungen weh –, sondern weil du irgendeinen wunden Punkt in deinem Gegenüber triffst. Verletzte Menschen verletzen Menschen, doch es ist nicht deine Aufgabe, Wunden zu heilen, die du nicht verursacht hast. Du darfst dein Glück selbst definieren, ohne dabei auf die Vorstellungen anderer Menschen zu hören.

Du wirst es niemals schaffen, dass jeder Mensch auf der Welt dich mag. Lies dir den Satz gern noch mal durch, dann vielleicht noch mal. Da draußen werden immer Leute sein, die dich nicht so mögen, wie du bist. Das ist bei der Masse an Personen auf unserem Planeten absolut logisch, für mich als People Pleaser allerdings eine total erschütternde Erkenntnis. Vielleicht geht es dir da ähnlich. Es ist aber total wichtig, sie zu verinnerlichen. Denn wenn du immer gemocht werden willst, dann bist du zwangsläufig nicht du selbst. Du schaffst eine Vielzahl an Versionen von dir. Das tun wir in gewisser Weise zwar ohnehin, schließlich reden wir mit unseren Freunden ganz anders als auf der Arbeit, aber wenn du jedes Mal ein komplett neues Ich erschaffst, vielleicht sogar deine Meinungen an das Umfeld anpasst, dann wird es gefährlich. Klar, du eckst nicht mehr an. Sicher finden die Menschen dich angenehm, aber zum einen verlierst du mehr und mehr dein authentisches Ich. Zum anderen wirst du, sorry, wirklich langweilig. Es gibt Menschen, mit denen ich niemals eine enge Freundschaft führen werde, die ich manchmal sogar anstrengend finde – aber sie vertreten eine Meinung, sie stehen für etwas. Es ist tausendmal besser, mit deinem wahren Ich anzuecken und ab und an diese unangenehmen Situationen auszuhalten, als dich jedes Mal zu verbiegen, um dazuzugehören. Denn dann lässt du dich durch andere definieren und vergisst, was du eigentlich möchtest und was dich ausmacht.

Wenn dich das nächste Mal Kritik oder eine Beleidigung trifft, nimm dir also Zeit, sie einzuschätzen. Es gibt diesen berühmten Spruch: Nimm keine Kritik von Menschen an, die du nicht um Rat bitten würdest. Frage dich also: Kommt die Kritik von jemandem, auf dessen Meinung du Wert legst? Ist es eine Einzelkritik oder spiegeln dir mehrere Leute in deinem Umfeld dasselbe? Wenn es sich um eine Person handelt, die in deinem Leben keine große Relevanz hat, vielleicht sogar um jemand Fremden, dann nimm dir die Worte nicht zu Herzen. Sie sagen nichts über dich aus, sondern viel eher etwas über dein Gegenüber. Wenn die Worte von einer guten Freundin kommen oder aber von mehreren Personen, dann kann es lohnen, sie zu reflektieren, nachzufragen und zu überlegen, ob es sinnvoll ist, etwas zu ändern. Finde eine gesunde Balance zwischen Selbstreflexion und Standhaftigkeit.

Sollte dich eine Bemerkung wirklich treffen und solltest du sie unangebracht finden, dann nimm dir in einem ruhigen Moment Zeit, die Person darauf anzusprechen. Manchmal sind Kommentare einfach unüberlegt. Niemand ist frei davon, wir alle sind mit Bemerkungen aufgewachsen, die wir heute so niemals mehr sagen würden – es erfordert Übung und Gespräche, für gewisse Dinge sensibilisiert zu werden.

Mach dir außerdem bewusst, dass jeder einzelne Mensch kritisiert wird. Man braucht nur einmal online in die Kommentarspalten schauen – es sagt so viel mehr über die Personen hinter den Kommentaren aus als über die von den Kommentaren Betroffenen. Ich weiß nicht, wieso sich so viele Leute von Authentizität und Menschen, die aus Mustern fallen, angegriffen fühlen, aber sie tun es. Vielleicht, weil es immer sehr viel leichter ist, andere zu kritisieren, als den Blick auf sein eigenes Inneres zu richten.

So wichtig Selbstreflexion und Kritikfähigkeit also sind: Denk immer daran, dass du nicht in der Lage sein wirst, jedermanns Wohlwollen zu gewinnen – und dass du das auch nicht musst. Dein Glück und deine Authentizität sollten nicht von den Erwartungen anderer abhängen.

Sei deine eigene Freundin

Ich hätte gern all die Zeit zurück, die ich mit negativem Self-Talk verbracht habe. Minuten, wenn nicht gar Stunden, die ich fröhlich die Rutsche meiner Abwärtsspirale entlanggeglitten bin. In der gleichen Zeit hätte ich auch einfach nett zu mir sein können, aufbauende Worte denken oder mir im Zweifel Zuspruch von außen holen können.

Stell dir vor, deine beste Freundin vermasselt etwas auf der Arbeit. Vielleicht hat sie Kaffee auf die Bluse einer Kollegin geschüttet, vielleicht hat sie sogar ein Budget falsch kalkuliert und so ein Projekt gefährdet. Würdest du sie in einem dieser Fälle fertigmachen, wenn sie dir davon berichtet? Würdest du sagen: »Boah, Nadja, wie blöd bist du eigentlich? Das kann ja jede Praktikantin besser! Dass die dich überhaupt eingestellt haben, vermutlich bereuen sie es schon!« Ich hoffe, deine Antwort lautet *Nein*, sonst wärst du nämlich eine ziemlich miese Freundin. (Übrigens sorry an alle Nadjas, ihr macht euren Job sicher toll!)

Mit Sicherheit hättest du deine Freundin getröstet. Gesagt,

dass man so eine Bluse doch easy reinigen lassen kann und dass sie den Fehler im Budgetplan jetzt nie wieder machen wird und sicher eine Lösung findet. Uns selbst gegenüber sind wir selten so verständnisvoll. Aber wieso gehen wir mit uns so hart ins Gericht? Wieso gestatten wir uns selbst nicht, Fehler zu machen? Wieso erwarten wir von uns eine Perfektion, die wir niemandem sonst aufbürden würden?

Fünf Übungen, UM DEINE GEDANKEN DIR SELBST GEGENÜBER ZU WANDELN

1. Affirmationen

Schreib dir positive Selbstaffirmationen auf, wiederhole sie, klebe sie dir an den Spiegel oder lies sie dir abends durch. Vielleicht kann ein Herzensmensch sie dir als Sprachnachricht vorlesen. Es gibt auch YouTube-Videos, in denen Affirmationen vorgelesen werden, falls das eher dein Ding ist. Sie sollen helfen, positive Gedanken zu fördern und, bei regelmäßiger Wiederholung, negative Denkmuster zu durchbrechen. Nach und nach kann sich so dein Selbstbild wandeln. Am Anfang fühlt es sich womöglich komisch an, dir selbst all diese netten Dinge zu sagen – aber ruf dir immer wieder ins Gedächtnis, wie leicht es dir bei einer Freundin fallen würde. Und sei dann deine eigene Freundin.

Notiere die lieben Worte an dich selbst auf den Zetteln. Das können Affirmationen sein oder Komplimente, die du erhalten hast. Vielleicht magst du sie ja an deinen Spiegel kleben.

Dankbarkeits-tagebuch

Das hat mich heute glücklich gemacht:

☺ ....

☺ ....

☺ ....

Drei gute Dinge, die heute passiert sind:

☺ ....

☺ ....

☺ ....

Dafür bin ich heute dankbar:

☺ ....

☺ ....

☺ ....

2.
Dankbarkeitstagebuch

Schreib jeden Tag ein paar Dinge auf, für die du dankbar bist. Ich habe das Ganze mal ein Jahr lang gemacht: drei Sachen, die mich an dem Tag glücklich gemacht haben. Selbst an echt miesen Tagen ist mir etwas eingefallen, schließlich hatte ich da noch meine Freundinnen oder im Zweifel zumindest einen echt guten Latte Macchiato. Je mehr du dich auf diese positiven Dinge konzentrierst, desto eher fallen sie dir in deinem Alltag auf. Irgendwann ist mir inmitten eines stressigen Tags beim Kellnern ein Mann aufgefallen, der mit seinem Sohn Drachen steigen ließ. Es war eine Kleinigkeit, aber ich hab kurz innegehalten, sie wahrgenommen und mich schon darauf gefreut, sie abends aufschreiben zu können. Ich bin ein großer Fan dieser Übung, da all diese kleinen Momente uns umgeben, wir sie in dem ganzen Stress und der Eile aber oft nicht wahrnehmen. Schönes ist immer in greifbarer Nähe, wir müssen nur wieder lernen, hinzusehen. Wenn es dir schwerfällt, das allein durchzuziehen, schnapp dir einen Freund oder eine Freundin. Schreibt einander jeden Abend per Nachricht drei Dinge, die euch an dem Tag glücklich gemacht haben oder für die ihr dankbar seid. So habt ihr ein gemeinsames Ritual.

3.
Bau ein inneres Stopp-Zeichen

Die Gedankenstopp-Methode kommt aus der Verhaltenstherapie und soll helfen, sich wiederholende, belastende Gedanken zu unterbrechen. Diesen wird mit einem lauten »Stopp« Einhalt geboten. Natürlich kannst du im Alltag nicht in jeder Sekunde ein »Stopp« hinausbrüllen, aber setze dir, wann immer du diese Gedanken bemerkst, ein inneres Signal. Stell dir ein Stoppschild vor. Es kann helfen, das mit einer körperlichen Handlung zu verbinden, beispielsweise, indem du dabei in die Hände klatschst oder auf einen Tisch klopfst – einfach etwas, das das Unterbrechen dieser Gedankenspirale symbolisiert.

4.
Wandle negative Gedanken um

Wenn du dein inneres Stoppschild aktiviert hast, dann ersetze die negativen Gedanken durch positive oder zumindest neutralere. Wenn etwas schiefgeht, du einen Fehler gemacht hast und es in deinem Kopf in etwa so aussieht: »Wie dumm bin ich bitte? Ich werde das nie schaffen! Es ist kein Wunder, dass ich nicht vorankomme!«, dann stell dir dein Stoppschild vor, atme einmal tief durch und ersetze diese Gedanken. Zum Beispiel durch eine vergangene Situation, in der du sehr wohl etwas geschafft hast. Erinnere dich an eine Zeit, in der du eine Herausforderung gemeistert hast, ruf dir ein Lob eines Kollegen oder einer Freundin in Erinnerung. Deine Gedanken müssen nicht lauten: »Ich bin die

Beste!«, aber vielleicht kannst du netter zu dir sein und etwas in diese Richtung denken: »Das ist jetzt unglücklich gelaufen, aber so etwas passiert. Es sagt nichts über meine Kompetenzen aus. Ich werde daraus lernen, denn ich bin lernfähig und klug genug, diesen Fehler so schnell nicht noch einmal zu machen.«

5.
Feiere dich selbst

Nimm dir Zeit, deine Erfolge zu feiern! Lobe dich, gönn dir was, erzähl Freund:innen davon und feiert gemeinsam. Halte inne und schreib dir vor allem auch deine Erfolge zu! Nicht bloß deine Misserfolge. Mit Erfolgen meine ich nicht nur die Erfüllung eines Ziels, sondern auch die kleinen Schritte auf dem Weg dahin. Lerne, den Weg zu genießen und nicht nur auf das Ergebnis hinzuarbeiten. Feiere dich dafür, Schritte in Richtung der Zielgeraden zu gehen. Feiere deine Fortschritte, neu gewonnenes Wissen, das Lernen aus Fehlern.

Manchmal sind die Dinge einfach sch... schlimm

Ich bin kein Fan davon, stets positiv sein zu müssen. *Good vibes only*, wie ich es immer mal auf T-Shirts oder Instagram-Profilen lese, halte ich persönlich für Quatsch. Es kann nicht immer alles toll sein. Negative Gefühle gar nicht zuzulassen ist sogar ungesund. Das Ganze nennt sich »Toxic Positivity«, eine Bewegung, in der sich immer nur auf das Positive im Leben konzentriert wird und in der schlechte Tage und negative Emotionen wegrationalisiert werden. Hier wird das positive Mindset zu allen Zeiten gewahrt. Wenn du deinem besten Freund beispielsweise dein Leid klagst, weil du deinen Job verloren hast, würde er gemäß toxischer Positivität antworten, dass du dich auf die guten Dinge in deinem Leben konzentrieren solltest. Manche Angehörige der Bewegung gehen sogar so weit, zu behaupten, dass Glücklichsein eine Wahl ist, die man aktiv treffen muss (ich bin nicht sicher, ob dort schon angekommen ist, dass Krankheiten wie Depressionen existieren).

Natürlich folgt die Bewegung grundsätzlich einem positiven Ansatz. Es ist oft hilfreich, sich auf die schönen Dinge zu konzentrieren, immerhin habe ich oben ja auch von Dankbarkeitstagebüchern gesprochen. Doch negative Gefühle und Erlebnisse gehören zum Leben dazu, und sie sollen gefühlt werden. Es wird immer jemanden geben, dem es schlechter geht als dir. Allein die Tatsache, dass du dieses Buch gerade in den Händen hältst und liest, zeigt, dass du alphabetisiert bist. So gesehen schon ein Privileg, das nicht jeder hat. Wenn du das Hörbuch hörst, heißt es, dass du keinen Hörverlust erlitten hast. Aber nur weil es dir im Großen und Ganzen gut geht, heißt das nicht, dass es dir nicht auch mal schlecht gehen darf. Das darf es sogar bei Kleinigkeiten. Weine, wenn du traurig bist, auch wenn es ein Luxusproblem ist. Fühl dich nicht schuldig dafür, traurig zu sein. Du kannst wegen der kleinsten Dinge niedergeschlagen und dir trotzdem bewusst sein, dass es anderen schlechter geht. Beides kann koexistieren.

Es ist auch okay, mal im Selbstmitleid zu versinken. Ich brauch das manchmal zum Beispiel, um danach mit voller Energie weitermachen zu können. Ein paar Stunden rumjammern, mich bei Freund:innen ausheulen, Frust ablassen – und weiter geht's. Ein gesunder Umgang mit deinen Emotionen bedeutet, all deine Gefühle zuzulassen, sie zu verstehen und dann, wenn möglich, konstruktiv mit ihnen umzugehen. Manchmal funktioniert Letzteres nicht, denn nicht immer passieren schlimme Dinge aus einem Grund und nicht immer lässt sich eine Lektion daraus lernen. Manchmal passieren schlimme Dinge einfach. Sie sind ungerecht und grundlos, und es lässt sich nichts aus ihnen lernen, außer, wie man mit ihnen weiterlebt.

Wie du ohne toxische Positivität supportest

anstatt	sage
»Es könnte schlimmer sein.«	»Das muss hart sein. Ich bin hier für dich.«
»Dinge passieren immer aus einem Grund, Kopf hoch!«	»Tut mir leid, dass dir das passiert ist. Wie kann ich dir helfen?«
»Anderen Leuten geht es noch schlechter, du hast so viel Gutes.«	»Du bist nicht allein, wir schaffen es da durch.«
»Bleib positiv!«	»Lass es raus. Möchtest du eine Umarmung?«
»Sei dankbar!«	»Deine Gefühle sind valide.«

Wie wäre es mit einer Fuck-up-Night?

Ich kann dir an dieser Stelle sogenannte Fuck-up-Nights wärmstens empfehlen. Es ist Jahre her, dass ich auf einer offiziellen war, aber wir haben auch im Büro mal eine veranstaltet. Vielleicht hast du ja Lust, eine in deinem Umfeld zu organisieren. Eine Fuck-up-Night ist ein Event, bei dem Menschen offen über Fehler und Misserfolge sprechen. Das können berufliche Fehlentscheidungen oder gescheiterte Projekte sein. All das wird offengelegt, mal sind die Reden witzig, mal emotional. Manchmal haben sie eine wichtige Message und ein Learning, manchmal ist es am Ende auch einfach sch… schlimm gelaufen. Ich finde es auf jeden Fall sehr erfrischend, nicht immer nur positive Vibes verbreiten zu müssen, sondern mal gemeinsam den negativen Raum zu geben. Am Ende wachsen wir alle daran.

Fuck-ups

Was ist bei dir zuletzt so richtig schiefgelaufen?

Hast du etwas daraus mitnehmen können, etwas gelernt?

Wie bist du mit der Herausforderung umgegangen? Was waren deine Gedanken dabei?

Woran sind deine Freundinnen oder Eltern einmal gescheitert? Wie erging es ihnen?

Mach dir Gedanken darüber, was du fühlst

Als mich meine ehemalige Therapeutin das erste Mal gefragt hat, wie es mir geht, hab ich nur mit den Schultern gezuckt. Es fiel mir sehr lange sehr schwer, wirklich benennen zu können, was in mir vorgeht. Mir ging es entweder gut oder schlecht. Dazwischen war nichts, und wirklich definieren, wie sich dieses Gut oder Schlecht anfühlt, konnte ich auch nicht. In der ersten Stunde hat sie einen Satz gesagt, der mich fast zum Weinen gebracht hat: »Sie sind traurig.« Ich hab nicht fast geweint, weil ich traurig war (auch wenn das stimmte), sondern weil diese mir damals noch völlig fremde Frau verstanden hat, wie es mir ging, während ich selbst gar keine Ahnung hatte. Mein Leben war eigentlich toll, ich hatte von Job bis Freundschaften alles im Griff. Aber ich habe nichts dabei gefühlt. Übrigens war das auch der Grund für meine Therapie: Ich hatte gar keinen Zugang mehr zu meinen Gefühlen. Obwohl ich so viel im Außen hatte, war ich innen drin komplett leer. Ich war völlig ausgebrannt. Diagnose: Burn-out. Online gezeigt habe ich das nicht. Mittlerweile rede ich offen darüber, auch auf Lesungen, und es überrascht viele Leute – kein Wunder, mein Online-Bild sah ja prima aus. Zumindest nach außen hin. Wenn Instagram mir im Archiv Storys von vor ein paar Jahren ausspuckt, kann ich hingegen sehr deutlich erkennen, wie leer ich eigentlich war. Vor allem aber zeigen mir die Gespräche im Anschluss an die Lesungen und die Reaktionen auf *Songs of Emerald Hills*, in dem diese emotionale Ausgebranntheit auch thematisiert wird, dass sehr, sehr viele Menschen diese Situation kennen.

Daher kann ich dir wirklich nur raten: Lass alle Gefühle zu. Negative, positive, alle. Nimm dir Zeit für sie. Wenn du sie verdrängst, dann warten sie geduldig, während deine Mauer immer breiter und höher wird, aber irgendwann reißen sie sie ein und kommen zurück zu dir. Und dann fühlst du eine Menge, obwohl du völlig verlernt hast, wie das überhaupt geht. Dann bist du nur noch taub und überfordert und auf Autopilot. Es ist nicht schön, sich mies zu fühlen. Aber wann immer es mir jetzt schlecht geht, ist da auch dieser Gedanke: *Puh, zum Glück check ich, dass es mir nicht gut geht!*

Der Begriff Burn-out kommt aus dem Englischen (to burn out = ausbrennen) und wurde in den 1970er-Jahren von dem New Yorker Psychotherapeuten Herbert Freudenberger geprägt. Das **BURN-OUT-SYNDROM** bezeichnet einen Zustand, bei dem der Patient durch andauernden beruflichen Stress derart belastet ist, dass sich ein Zustand physischer und emotionaler Erschöpfung und Überforderung mit deutlich reduzierter Leistungsfähigkeit einstellt.

Aber: Burn-out kann viele Formen haben. Meine Leistungsfähigkeit in der Zeit ist beispielsweise sogar gestiegen, weil ich es nicht mehr ausgehalten habe, nicht zu arbeiten. Es war das Einzige, was mich davon abhalten konnte zu grübeln, also habe ich mich in die Arbeit gestürzt. Wenn du das Gefühl hast, dass du Symptome eines Burn-outs bei dir erkennst, zögere nicht, dir Hilfe zu suchen.

Es ist vollkommen in Ordnung, dir Hilfe zu suchen – ob bei Burn-out oder anderen Dingen. Ich wusste damals schon länger, dass etwas nicht okay ist, aber ich habe es nur durch Schubser meiner Freundinnen geschafft, mich auf die Warteliste für eine Therapie setzen zu lassen. Das ist alles schon eine Weile her, aber die Therapiestunden haben mir vieles mitgegeben, was ich bis heute anwenden kann. Ich bin der Meinung, jede:r sollte mal Therapiestunden haben, so wie jede:r auch einen Hausarzt oder eine Hausärztin hat. Mir ist klar, dass das Ganze nicht so einfach ist, dass man lange wartet, um einen Therapieplatz zu erhalten, aber das Warten und die Mühe lohnen sich. Wir alle haben Wunden und

Verhaltensmuster, an denen wir arbeiten können. Falls du Angst hast, dass es dir nicht schlecht genug für Therapie geht und du vielleicht jemandem einen Platz wegnimmst, der ihn dringender braucht (diesen Gedanken hatte ich nämlich auch), dann zitiere ich meine Therapeutin gern. Sie sagte, als ich meine Sorgen äußerte, nämlich: »Es ist mir tausendmal lieber, Sie kommen jetzt schon zu mir, als dass Sie in eine tiefe Depression rutschen. Dann brauchen Sie womöglich viel mehr Stunden als so.« Auch beim Thema Mental Health gilt: Vorsorge ist besser als Nachsorge.

»Wenn du dich immer zusammenreißt,
zerreißt du dich irgendwann.«

WORLDS COLLIDE

Wenn dir das Kapitel auch nur eine Sache mitgibt, dann die: Sei nett und fair zu dir selbst. Wiederhole die Übungen in den vorangegangenen Abschnitten regelmäßig, bis sich die positiven Worte dir selbst gegenüber festigen und sich vollkommen natürlich anfühlen. Lerne, dich durch die Augen deiner Freunde und Freundinnen zu betrachten, und sieh Fehler nicht als Katastrophe, sondern als Chance zum Lernen an – denn genau so würdest du deinem besten Freund oder deiner besten Freundin gegenüber sicher auch argumentieren, richtig?

Grenzen und warum sie manchmal so schwer zu ziehen sind

Wann hast du zum letzten Mal das Gefühl gehabt, dass deine Grenze überschritten wurde? Fällt dir ein Szenario ein? Und wenn ja: Kannst du entschlüsseln, warum dies der Fall war? Oft geschieht es, weil Menschen unsere Grenzen nicht respektieren oder Macht ausüben wollen. Catcalling ist ein solches Beispiel. Nichts an uns signalisiert, dass wir belästigt werden wollen. Sexuelle Übergriffe sind ein Machtspiel, an dem Opfer niemals die Schuld tragen. Nie. Egal, was sie anhaben, tun oder sagen.

Jedoch gibt es auch weniger drastische Grenzüberschreitungen, an denen wir tatsächlich Anteil haben. Ich beispielsweise habe Gruppenarbeiten an der Uni immer abgrundtief gehasst, weil letzten Endes ich diejenige war, die sich die Nächte um die Ohren geschlagen hat, um alles noch irgendwie pünktlich zum nächsten Seminar fertigzukriegen. Denn damals war ich der festen Überzeugung, dass alle anderen einfach unzuverlässig sind. Heute sehe ich das Ganze etwas anders: Habe ich jemals kommuniziert, wie unzufrieden ich mit der Zusammenarbeit bin? Dass ich eben keine Lust habe, das Literaturverzeichnis komplett allein zu formatieren und die PowerPoint-Präsentation in eine schöne Form zu bringen? Nein. Ich habe es einfach gemacht, geht ja immerhin schneller, als noch ewig rumzudiskutieren, richtig?

Nein. In diesem einen Moment mag es schneller gehen, aber langfristig gesehen schaden wir uns damit nur selbst. Denn in den meisten Fällen kennen wir unsere Grenzen gut. Wir spüren das angespannte Gefühl im Bauch oder in der Brust, wann immer sie überschritten werden. Wir kommunizieren sie nur nicht klar.

Vielleicht bist du so empathisch, dass du immer genau spürst, womit sich dein Gegenüber wohlfühlt und womit nicht und was von dir erwartet wird. Fakt ist aber, dass du nicht immer davon ausgehen kannst, dass andere dasselbe bei dir spüren. Oft musst du deine Grenzen erst aufzeigen, damit andere sie respektieren können. Doch warum kommunizieren wir unsere Grenzen nicht einfach?

Schon wieder Ja gesagt und Nein gedacht?

Du hast ewig an den Hausaufgaben gesessen, während deine Klassenkamerad:innen im Kino waren. Am nächsten Morgen vor Schulbeginn bitten sie dich, die Hausaufgaben schnell von dir zu kopieren – sie bauen natürlich auch ein paar Fehler ein, damit es nicht so auffällt. Du willst das eigentlich nicht, immerhin hast du extra auf den Kinobesuch verzichtet, um sie zu erledigen, aber ihr seid ja schließlich befreundet, und du willst auch nicht für schlechte Stimmung sorgen, also schiebst du dein Heft zähneknirschend rüber.

An der Uni stehen mal wieder Gruppenreferate an. Natürlich organisierst du alles, und selbstverständlich übernimmst du das Erstellen der Präsentationsfolien. Immerhin gibt es eine Gruppennote, und es ist besser, es selbst zu machen, anstatt sich darauf zu verlassen, dass die anderen mitziehen.

Kommen dir die Szenarien so oder so ähnlich bekannt vor? Wann hast du zuletzt Ja zu etwas gesagt und dich eigentlich nach einem Nein gefühlt? Warum hast du Ja gesagt? Aus einem Verpflichtungsgefühl? Aus Angst, nicht gemocht zu werden? Hast du es bereut, Ja gesagt zu haben? Vielleicht bist du, genau wie ich, ein People Pleaser – also jemand, der es anderen immer recht machen will und ihre Bedürfnisse manchmal sogar über die eigenen stellt, meist, weil man Konflikte vermeiden will.

Warum wir People Pleaser so sind? Weil wir Bestätigung im Außen suchen. Da ist sich die Psychologie zumindest ziemlich einig. Natürlich kann es aber bei allen individuelle Auslöser und Ausprägungen haben. Grundsätzlich gilt aber auch hier wieder, dass wir gemocht werden und dazugehören wollen. An sich nichts Schlechtes, schwierig wird es jedoch, wenn wir unsere Bedürfnisse immer hintanstellen und unsere eigenen Grenzen entweder ignorieren oder sogar gar nicht mehr kennen.

WARUM NEIN SAGEN SO SCHWER FÄLLT

Wir sind von Beginn unseres Lebens an darauf gepolt, Teil einer Gruppe sein zu wollen. Wenn wir auf die Welt kommen, sind wir sogar darauf angewiesen, sonst hätten wir gar keine Überlebenschance. Der Ursprung, warum uns Neinsagen so schwerfällt, liegt laut Psycholog:innen tatsächlich auch in der Kindheit, da wir dort bereits lernen, dass Nein für Stress sorgt. Es ergibt Sinn: Als Kind wollen wir von den Eltern geliebt werden. Im Kindergarten und in der Klasse wollen wir dazugehören. An der Uni oder im Job sieht es ähnlich aus. Wenn wir Nein sagen, so glauben wir zumindest, könnten andere uns negativ sehen und ausgrenzen. Also sagen wir Ja, um dazuzugehören und einen positiven, hilfsbereiten Eindruck zu hinterlassen. Wir haben Angst, in der Freizeit etwas zu verpassen, wenn wir bei einem Event nicht dabei sind, und wir wollen andere Menschen nicht enttäuschen und fürchten uns vielleicht sogar vor negativen Konsequenzen, beispielsweise im Job. Immerhin ist es irgendwie auch ein Lob, dass unsere Vorgesetzten uns schon wieder eine zusätzliche Aufgabe zukommen lassen, oder? Ja, gut, das Gehalt ist leider nicht nach oben angepasst worden, aber das folgt sicher. Und Anerkennung ist ja auch eine Bezahlung, richtig?

Nein, falsch. Na ja, oder zumindest keine, die uns an der nächsten Supermarktkasse etwas bringt. Es ist vollkommen okay, den Vorgesetzten, der Kollegschaft oder den Mitstudierenden unter die Arme zu greifen. Es ist nicht okay, wenn das Ganze ein Muster wird und du Gefahr läufst, ausgenutzt zu werden. Dann wirst du nämlich nicht mehr wegen deiner Kompetenzen um Hilfe gefragt, sondern, weil du – böse formuliert – ein leichtes Opfer bist. Ich behaupte mal, ich darf das sagen, denn ich war das leichteste von allen. Neinsagen fiel mir unglaublich schwer. Ich mag es noch immer nicht. Ich will anderen helfen, ich freu mich, wenn ich gebraucht werde, aber selbst ich hab es geschafft, es zu lernen. Also packst du das auch!

WANN DU NEIN SAGEN SOLLTEST

Wie du gemerkt hast, sind die Gründe, warum es uns schwerfällt, Nein zu sagen, grundsätzlich keine schlechten. Anderen helfen zu wollen ist großartig, und Harmonie macht unser Leben leichter. Gefährlich wird es jedoch, wenn wir uns selbst dabei immer zurückstellen und wenn wir Dinge tun, die unserem Wohlbefinden nicht förderlich sind. Sicher, wir alle müssen mal unangenehme Situationen aushalten oder Aufgaben erledigen, die uns nicht passen – aber wie bei allem ist auch hier Balance wichtig. Wie merkst du also, wann du besser Nein sagen solltest?

DU SOLLTEST *Nein* SAGEN, WENN …

- … ein Ja zu einem Nein zu dir selbst führt.
- … dein Bauchgefühl dir eigentlich schon Nein gesagt hat.
- … ein Ja dich deinen inneren Frieden kostet.
- … du das Gefühl hast, manipuliert oder ausgenutzt zu werden.
- … die Person dich nur fragt, weil sie weiß, dass du Ja sagen wirst, nicht, weil sie wirklich deine Hilfe braucht.
- … du dich bereits beim Gedanken an ein Ja gestresst fühlst.
- … du keine Zeit für Freizeit mehr hast.

Neinsagen ist Selbstfürsorge. So hart es klingt: Die meisten Vorgesetzten werden nicht wach liegen und sich sorgen, ob sie dir zu viel aufgebürdet haben. Du hingegen wirst vielleicht Einschlafprobleme haben, weil du Sorge hast, nicht mit all den To-dos hinterherzukommen oder auf der Arbeit zu enttäuschen. Niemand kann für dich Nein sagen. Du selbst musst diese Grenzen ziehen und verteidigen. Das ist ein Akt der Selbstliebe, den du lernen musst.

WIE DU LERNST, NEIN ZU SAGEN

Lass dein Nein so normal werden wie dein Ja

Es sind nur vier Buchstaben, die eine einzige Silbe bilden, so schwer sollte es eigentlich nicht sein, oder? Allerdings sitzen die antrainierten Muster fest im Kopf, und die loszuwerden ist gar nicht so leicht. Es gibt aber ein paar Dinge, die du tun kannst, um dein Nein zu festigen und beim nächsten Mal parat zu haben.

Übe das Neinsagen

Es ist sehr viel schwerer, einer Person, die wir kennen und mögen, Nein zu sagen als einer fremden. Übe Nein zu sagen in für dich unwichtigen Situationen außerhalb deines beruflichen oder sozialen Umfelds. Du kannst das Ganze natürlich mit Freunden oder Freundinnen üben, indem ihr Situationen nachspielt, aber auch im Alltag lässt sich das Ganze gut einbauen: Jemand will dir an der Kasse schon wieder ein Bonusheft aufschwatzen? Übe dein klares, freundliches Nein.

Sei dir deiner Limits bewusst. Denn nur wenn du sie kennst, kannst du sie kommunizieren. Also, wo sind deine Grenzen? Wie viel Energie hast du? Für Aufgaben, aber auch für Freizeitaktivitäten. Nicht jeder Mensch ist dafür gemacht, jeden Abend auf Achse zu sein. Wenn dein Limit bei zwei Abenden die Woche liegt, dann achte darauf, genug Zeit für dich zu haben. Lege dir deine Neins zurecht, schreib sie auf, übe sie vorm Spiegel – lass sie so normal werden wie deine Jas.

Höre auf dein Bauchgefühl

Meist kennst du die Antwort eigentlich schon in dem Moment, in dem man dir die Frage stellt. Dein Bauchgefühl sagt dir »Ja, darauf habe ich Lust« oder »Nein, das möchte ich nicht«. Klar, manchmal musst du den Kopf und deine Logik zu Rate ziehen, schon allein, um Gewohnheiten zu durchbrechen und über deinen Schatten zu springen. Manchmal lohnt es sich, das Bauchgefühl mit einem Ja zu übertönen, den neuen Job anzunehmen und aus der Sicherheit auszubrechen oder als erste Person den

Vortrag zu halten, statt dich in der letzten Reihe zu verstecken. Gerade, wenn du aus Angst vor Neuem oder Veränderung Nein sagst, das regelmäßig tust und dich vielleicht schon einmal im Nachgang darüber geärgert hast, weil du dadurch ein schönes Erlebnis verpasst hast. In solchen Fällen lohnt es sich, hinter dein Bauchgefühl zu blicken und es zu hinterfragen.

Aber grundsätzlich ist deine Intuition aus einem Grund da. Tiefenpsychologin Maja Storch untersucht dieses unterbewusste Wertungssystem an der Uni Zürich: In nur 200 Millisekunden erhalten wir eine körperliche Reaktion auf einen Reiz. Der Reiz kann eine Textnachricht sein, eine Frage, eine Person, was auch immer. Unser Körper reagiert prompt – dann erst schaltet sich unser Kopf ein, unser Wertesystem, das uns beispielsweise Eltern oder unser Umfeld vermittelt haben. Das heißt nicht, dass dein Bauchgefühl immer recht hat, du solltest es aber auf jeden Fall einbeziehen bei der Entscheidung, ob du nun Ja oder Nein sagst.

Bitte um Zeit

Du bist niemandem sofort zu einer Antwort verpflichtet. Wenn dich in der Schule, an der Uni oder auf der Arbeit jemand bittet, eine zusätzliche Aufgabe zu übernehmen, sage, dass du dir erst einmal deinen Zeitplan anschauen und nachsehen musst, wie viel sonst noch ansteht. Dann kannst du in Ruhe darüber nachdenken, ob du wirklich Zeit für – und Lust auf – die zusätzliche Aufgabe hast. Meist fällt es leichter, Nein zu sagen, wenn die Person dir nicht direkt gegenübersteht. Ein Nein per Textnachricht ist kürzer und schmerzloser als ein verbales. Ich persönlich bin dennoch großer Fan davon, das Nein von Angesicht zu Angesicht zu üben, aber Bedenkzeit schadet in beiden Fällen nicht.

Biete Alternativen an

Wenn jemand deine Hilfe benötigt, ein sofortiges Ja aber für enormen Stress bei dir sorgt, biete eine Alternative an. Jemand will deine Hilfe bei einer Aufgabe? Schlage einen Zeitpunkt dafür vor, der deinen Zeitplan nicht über den Haufen wirft. Wenn das bei deinem Gegenüber nicht funktioniert, dann braucht die Person höchstwahrscheinlich nicht *deine* Hilfe, sondern irgendeine, da sie sich selbst komplett verzettelt hat. Das schlechte Zeitmanagement einer anderen Person ist aber nicht deine Krise. Du kannst signalisieren, dass du grundsätzlich bereit bist zu helfen, kommunizierst aber auch deine zeitlichen Grenzen.

Wenn du etwas für jemanden erledigen sollst, kannst du als Alternative auch anbieten, nur einen Teil der Aufgabe zu übernehmen – eine Art Starthilfe sozusagen. Du schreibst keinen Text für die Person, aber liest drüber, du übernimmst nicht die komplette Arbeit, aber hilfst bei der Recherche, und so weiter – manchmal liegt deine Wohlfühlantwort vielleicht zwischen einem Ja und einem Nein.

Wichtig ist bei diesem Tipp, dass du die Alternativen nur dann anbietest, wenn es auch in Ordnung für dich ist, der Person zu helfen. Auch hier gilt wieder: Achte auf dich und dein Bauchgefühl.

Sei ehrlich

Die eine Message, die sich bislang wie ein roter Faden durch dieses Buch zieht? Du bist nicht allein. Mit keinem deiner Gedanken, mit keiner deiner Ängste. Genauso wenig damit, dass es dir schwerfällt, Nein zu sagen. Kommuniziere das ruhig offen und ehrlich, wenn du Nein sagst. *Es fällt mir wirklich schwer, Nein zu sagen, weil ich dich total schätze, aber ich habe leider keine Energie/ich fühle mich gerade nicht gut/ich brauche Zeit für mich* – all das sind legitime Gründe, Nein zu sagen.

Mir persönlich wäre eine ehrliche Absage hundertmal lieber als eine Lüge. Zu sagen, dass du einen Termin hast, obwohl du eigentlich auf der Couch sitzen möchtest, oder dass du krank bist, obwohl du in Wahrheit topfit im Park bist – im schlimmsten Fall kommt es raus, und dann hat dein Gegenüber tatsächlich Grund, böse zu sein. Im weniger schlimmen Fall kannst du deine Zeit nicht so genießen, als wärst du ehrlich gewesen.

Mach dir bewusst, dass Grenzen etwas Positives sind

Wie oft bist du einer Person böse, wenn sie Nein sagt? Wenn die Absage nicht gerade im letzten Moment kommt, vermutlich sehr, sehr selten, oder? Wer eine Frage stellt, sollte mit einem Nein rechnen. Ein Nein ist nicht immer etwas Schlechtes, wir haben es nur so in unserem Kopf abgespeichert. Auch Vorgesetzte werden es dir nicht nachtragen, wenn du deinen Feierabend und deine Kapazitäten klar kommunizierst – zumindest gute Vorgesetzte nicht. Denn eigentlich ist Kapazitätenplanung ihre Aufgabe, und wenn du mit deiner Arbeit nicht hinterherkommst, müssen sie sich mindestens genauso dringend ihr Zeitmanagement anschauen wie du dir deines. Es ist nichts Negatives daran, deinen Wert und deine Grenzen zu kennen, im Gegenteil: Es ist ein Zeichen von Stärke. Ein Zeichen, dass du Verantwortung übernimmst – für dich selbst, aber auch für andere. Denn niemandem ist geholfen, wenn du dich mit Aufgaben übernimmst und am Ende dann doch verzettelst oder aber Nachtschichten schiebst, bis du irgendwann krank wirst.

Verpasst du etwas Spannendes, weil du Angst hast?

Stell dir die Frage, bevor du Ja oder Nein sagst: Verpasse ich eine spannende Gelegenheit und will nur aus Angst Nein sagen? Projekte auf der Arbeit können im ersten Moment furchteinflößend wirken, eine weite Reise genauso wie neue Menschengruppen oder ein erstes Date. Aber manchmal lohnt es sich, durch diese Angst zu gehen und dabei zu wachsen. Nur so lernst du dazu. Vielleicht traust du dir etwas noch nicht zu, aber ganz sicher tut es dein Gegenüber, sonst hätte es dich nicht gefragt. Oft schätzen wir uns sehr viel schlechter ein als unsere Freund:innen, Kolleg:innen oder unsere Vorgesetzten – zum sogenannten Impostor-Syndrom kommen wir noch. Vielleicht bist du es einfach nicht gewohnt, deine Komfortzone zu verlassen, und möchtest aus Gewohnheit Nein sagen. Mach dir bewusst, worauf du mit deinem Nein verzichten würdest. Wenn die Sachen, die du verpasst, nichts in dir auslösen: Sag Nein. Wenn da aber ein nagendes Gefühl in dir ist, der Gedanke, es vielleicht sogar zu bereuen, Nein zu sagen, dann denk noch einmal darüber nach.

Mach dir ein Nein-Zeitkonto

Gibt es etwas, das du gern machen oder können würdest? Ich würde total gern Ukulele spielen können, sie steht auch bereits im Wohnzimmer parat (seit … drei Jahren oder so?), aber ich habe mir die Zeit zum Üben viel zu selten genommen. Mach dir eine Liste mit Dingen, die du gern tun würdest: ein Instrument oder eine Sprache lernen, ein Buch lesen, das viel zu lange schon im Regal steht, deine beste Freundin oder deinen besten Freund anrufen. Wenn du das nächste Mal kurz davor bist, zu etwas Ja zu sagen, auf das du eigentlich keine Lust hast, dann denk an diese Liste. Ein einfaches Nein könnte dir zu der Zeit verhelfen, die du benötigst, um die Punkte darauf endlich anzugehen.

Für dich einzustehen bedeutet Nein zu sagen – denn nur so schützt du deine Grenzen und Bedürfnisse. Nur wenn du auf deine Zeit und Energiereserven achtest, kannst du deine Ziele effektiv verfolgen. Also sag Nein, erinnere dich und andere an deine Grenzen, wenn Leute drohen, sie zu überschreiten, und schaffe dir so Raum und Pausen, um wieder Energie zu tanken.

Es funktioniert nicht, immer zu funktionieren oder: Die Angst vor Pausen

Kennst du das, wenn du ein schlechtes Gewissen hast, sobald du mal freimachst? Wenn du bei einer Serie auf der Couch sitzt oder in einem Café entspannst und Gedanken aufkommen wie »Eigentlich muss ich aber noch dies und das tun« oder »Ich hab mir die Freizeit noch gar nicht verdient«? Wenn du in Ruhe ein Buch lesen magst und dir deine innere Stimme sagt, dass du dir genauso gut deine Unilektüre vornehmen könntest?

Falls ja, bist du damit nicht allein. Mir ging es ganz lange genauso, ich habe es einfach nicht geschafft, zu entspannen. Egal, ob ich daheim auf der Couch saß oder mit meinen Freundinnen unterwegs war: Gedanklich war ich schon wieder am Schreibtisch, auf dem der Berg an Unitexten lag, der noch gelesen werden wollte – später in der Selbstständigkeit wurde es dann noch schlimmer, schließlich ist man da nie fertig mit der Arbeit. Diese Rastlosigkeit kennen viele Menschen – laut einer Studie fünfzehn Prozent der jungen Erwachsenen um die zwanzig! So wirklich überraschend ist es nicht, wenn man mal darüber nachdenkt. Immerhin ist Leistung ein fester Bestandteil unseres Lebens. Sie wird uns im zarten Alter von sechs Jahren mit Süßigkeiten und Obst in die Schultüte gepackt – manchmal auch schon früher. Gute Noten werden belohnt, schlechte, zumindest in manchen Fällen, bestraft. Es ist das erste Bewertungssystem, dem die meisten von uns als Kinder begegnen. Doch auch nach der Schule hört es nicht auf, denn es folgen Ausbildung oder Uni, der erste richtige Job. Und auch Hobbys sind meist erfolgsgetrieben. Bei mir war es das Tanzen, mit dem wir regelmäßig an Turnieren teilgenommen haben. Je härter wir trainiert haben, desto besser wurde unsere Leistung, desto höher der Platz auf dem Treppchen – ich habe es geliebt, das tue ich bis heute! Aber im Endeffekt hat es mich natürlich beeinflusst. Ich wollte gut abschneiden, war niedergeschlagen, wenn es nicht für einen Pokal gereicht hat. Dass diese Art der Bewertung etwas mit unserer Psyche macht, ist daher nur logisch. Doch je weiter wir uns pushen und je häufiger wir uns Ruhephasen verbieten, desto schneller brennen wir aus.

Leider sind die meisten von uns mit einer »Reiß dich zusammen«-Mentalität aufgewachsen. Aktuell sieht man überall Artikel darüber, wie faul Gen Y und Gen Z seien, einfach deshalb, weil wir keine Lust mehr darauf haben, rund um die Uhr für jemand anderen zu arbeiten, um uns im Gegenzug die Miete kaum leisten zu können. Es findet endlich ein Umdenken statt, ein Hinterfragen der Mentalität des andauernden Arbeitens. Denn Fakt ist: Du musst dir Ruhe nicht verdienen.

Es ist okay, Pausen zu machen, wenn dein Körper oder dein Geist sie brauchen. Oder auch einfach so.

Das ist vermutlich eines meiner größten Learnings der letzten Jahre: Pausen halten dich nicht auf. Sie bringen dich voran. Mal auf andere Gedanken kommen, andere Dinge sehen, Ausflüge unternehmen und das ohne Gedanken an die Arbeit – vielleicht sogar, ohne sie direkt für Social Media zu verwerten, sondern Sachen einfach nur für dich genießen. Es klingt so einfach und logisch, und trotzdem tun viele von uns – du vielleicht auch – es viel zu selten. Dabei sind diese Regenerationsphasen unglaublich wichtig für Körper und Geist.

Meine Team Lead bei einem meiner Jobs hat immer gepredigt, wie wichtig und wohltuend Langeweile ist. Sich einfach hinzusetzen und fünf Minuten eine Wand anzustarren. Ich fand allein die Vorstellung gruselig, immerhin ist Langeweile auch ziemlich negativ konnotiert, aber sie hatte – wie immer eigentlich – recht. Langeweile fördert Kreativität. Das haben mehrere Forschende, unter anderem Sandi Mann und Rebekah Cadman, auch wissenschaftlich nachweisen können: Langeweile ist die Suche nach neuronaler Stimulation. Wenn wir unserem Gehirn diese nicht geben, sucht es sie sich selbst, in Form von Tagträumen beispielsweise. Mann, die mittlerweile ein ganzes Buch über Langeweile geschrieben hat, konnte sogar einen positiven Effekt auf die mentale Gesundheit nachweisen. Wir sollten uns also alle mehr Zeit zum Langweilen nehmen – zum aktiven Langweilen, ohne zum Handy zu greifen.

Ich finde das gar nicht so leicht, zumal ich meist Musik, Podcasts oder ein Hörbuch laufen habe. Irgendwas ist außerdem immer zu tun. Mal gar nichts zu machen, also wirklich ein paar Minuten Pause einzulegen, fällt mir bis heute ziemlich schwer. Allerdings betont Mann, dass genau das wichtig dabei ist: Langeweile nicht mit Entspannung zu verwechseln. Yoga, Meditieren oder Musikhören sind zwar toll, zählen aber leider nicht zum Langweilen dazu. Definitiv etwas, das ich üben muss – und möchte. Denn tatsächlich kommen mir die meisten Buchideen beim Zähneputzen oder Duschen, also genau dann, wenn mein Gehirn nicht abgelenkt ist.

Versuche, dir häufiger Zeit für bewusste Pausen zu nehmen. Greif das nächste Mal in der S-Bahn nicht zum Handy, schau einfach aus dem Fenster und lass deine Gedanken schweifen. Übe dich in Langweile. Zehn bis fünfzehn Minuten am Tag kann jeder erübrigen. Mach eine kurze Meditationspause, schreib deine Gedanken in ein Journal oder mache einfach mal gar nichts.

ÜBUNG ZUM *Pausenmachen*

40 Ideen für deine nächste Pause – alle ohne Handy!
(Es sei denn, du brauchst es für die Übung)

- Journale
- Höre deinen Lieblingssong

- Geh spazieren
- Ruf einen lieben Menschen an
- Trink bewusst einen Tee oder Kaffee
- Meditiere
- Mach Yoga

- Mal ein Bild aus
- Lies 15 Minuten
- Lies ein Gedicht oder einen Songtext und denk darüber nach

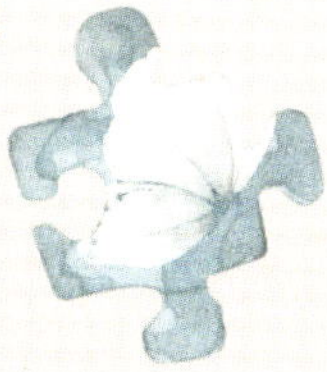

- Puzzele

- Verabrede dich mit Freund:innen zur Pause
- Mach eine Atemübung
- Schreib einen Brief an eine:n Freund:in
- Schreib einen Brief an dich selbst

- Öffne das Fenster und beobachte das Geschehen
- Stretche dich
- Lackiere dir die Nägel und sitz einfach nur da

- Löse ein Sudoku
- Tu nichts und genieß die Langeweile
- Bastle ein Freundschaftsarmband
- Mach eine Handmassage
- Erstell ein Moodboard
- Mach eine Traumreise – gibt's beispielsweise auf YouTube

- Streichle dein Haustier, falls du eines hast

- Probiere eine Schreibübung aus
- Führe die 5-4-3-2-1-Übung durch (siehe Seite 218)
- Lies dir bewusst eine positive Nachricht durch
- Mach jemandem ein Kompliment
- Kleb dir selbst ein Kompliment an den Spiegel
- Zünde eine Duftkerze an
- Tanz zu einem Lied durch die Wohnung
- Schreib drei Dinge auf, für die du dankbar bist
- Hör deinen liebsten Podcast
- Schau einen inspirierenden TED-Talk
- Übe auf einem Instrument
- Trage eine Gesichtsmaske auf
- Erstell ein Fotoalbum mit schönen Erinnerungen
- Schreib eine Liste mit Affirmationen
- Plane eine Reise – ob Urlaub oder Museumstrip

Impostor-Syndrom

Hast du auch schon mal das Gefühl gehabt, dass du etwas durch pures Glück erreicht hast? Eine Note, einen Job, einen Erfolg, für den man dich gelobt hat? Hast du auch manchmal Angst, dass irgendwann auffliegt, dass du das, was du tust, eigentlich gar nicht kannst? Dass du nicht gut genug bist für das, was man dir zutraut? Herzlich willkommen im Club der Menschen mit Impostor-Syndrom.

Woran du merkst, dass du Teil des Clubs bist

- **SELBSTZWEIFEL:** Du zweifelst regelmäßig an deinen Fähigkeiten und Erfolgen, auch wenn andere sie anerkennen.

- **PERFEKTIONISMUS:** Du setzt dir unrealistische Standards und bist selbst nach Erbringung der Leistung nicht zufrieden. Dadurch stehst du unter enormem inneren Druck.

- **HILFE? NEIN DANKE:** Du fragst ungern nach Hilfe und wenn doch, dann ist alles, was darauf folgt, nicht deine Leistung. Immerhin hast du es nicht allein geschafft.

- **ANERKENNUNG DER LEISTUNG ANDERER:** Während es bei dir nicht gelingen mag und du deine eigenen Erfolge herunterspielst, ist es dir ein Leichtes, die Leistung anderer anzuerkennen. Du betrachtest sie als Beweis ihrer Fähigkeiten, während du bei dir selbst nur an Glück glaubst.

- **HOHE ARBEITSBELASTUNG:** Um deine Kompetenz zu beweisen – dir selbst und anderen –, arbeitest du übermäßig viel und hart und opferst dafür auch mal deine Work-Life-Balance.

- **ANERKENNUNG DEINER EIGENEN MISSERFOLGE:** Während du Probleme damit hast, deine Leistung und Erfolge deinen eigenen Fähigkeiten zuzuschreiben, fällt es dir umso leichter, Misserfolge auf deine vermeintliche Inkompetenz zurückzuführen. Hier suchst du selten die Schuld im Außen, sondern bei dir selbst.

- **DEINE EXPERTISE HERUNTERSPIELEN:** Machst du dein eigenes Wissen klein, selbst wenn du wirklich mehr in einem Bereich weißt als dein direktes Umfeld? Fühlst du dich wie ein Hochstapler, weil du nicht *alles* auf deinem Gebiet weißt, sondern auch Wissenslücken hast?

Impostor bedeutet Hochstapler. Echte Hochstapler sind Menschen, die sich akademische Grade auf die Fahne schreiben, die sie nicht besitzen, oder anderweitig schwindeln. Menschen, die vom Impostor-Syndrom betroffen sind, tun genau das nicht. Meist sind sie hochqualifiziert, haben aber dennoch das Gefühl, dieser Zertifikate oder ihrer Positionen nicht würdig zu sein. Das Impostor-Syndrom ist keine Krankheit und kann auch nicht diagnostiziert werden. Daher ist es schwer zu sagen, wie viele Menschen daran leiden – und wie viele sich dessen überhaupt bewusst sind. Einige Untersuchungen schätzen, dass siebzig Prozent der Bevölkerung zumindest vorübergehend unter diesem Gefühl leiden, meist, wenn sie neue Aufgaben übernehmen. Allerdings gibt es keine Zahlen darüber, wie vielen von uns es dauerhaft so geht. Dafür gibt es einige Studien, die belegen, dass cis Frauen eher betroffen sind als cis Männer und dass das Gefühl, Hochstaplerin zu sein, für sie mit jeder Stufe auf der Karriereleiter wächst. Klassische Geschlechterrollen, die Marginalisierung in hohen Positionen, aber auch die Erwartungshaltung an Frauen in ebendiesen Positionen und der Vorwurf, diese ausschließlich durch ihr Geschlecht erhalten zu haben, sind nur einige Gründe dafür.

Zum ersten Mal genutzt wurde der Begriff übrigens 1970 von den Psychologinnen Suzanna Imes und Pauline Rose Clance. Manche Menschen leiden an all den oben genannten Punkten, manche nur an einzelnen – deshalb unterscheidet man auch unterschiedliche Typen von Impostor-Syndrom. Auf alles einzugehen, würde hier zu weit führen, aber wenn dich das Ganze interessiert, findest du hinten im Verzeichnis Literatur dazu.

Finde heraus, ob du am Impostor-Syndrom leidest

Lies dir die folgenden Fragen durch und beantworte sie dann ehrlich. Am Ende addierst du die Punkte und findest einen Text zu deiner Auswertung.

1. Zweifelst du an deinen Leistungen und hast Angst, dass andere diese überschätzen?
   - ○ **immer** ○ **oft** ○ **manchmal** ○ **nie**

2. Neigst du dazu zu denken, dass Erfolge Glück und Zufall geschuldet sind anstatt deiner eigenen Arbeit?
   - ○ **immer** ○ **oft** ○ **manchmal** ○ **nie**

3. Fällt es dir schwer, Komplimente und Lob anzunehmen?
   - ○ **immer** ○ **oft** ○ **manchmal** ○ **nie**

4. Vergleichst du dich mit anderen und fühlst dich dann minderwertig?
   - ○ **immer** ○ **oft** ○ **manchmal** ○ **nie**

5. Kannst du Können bei anderen Menschen anerkennen, bei dir aber nur schwer?
   - ○ **immer** ○ **oft** ○ **manchmal** ○ **nie**

6. Hast du Angst, dass deine »Tarnung« auffliegt und andere merken, dass du eigentlich gar nichts kannst oder weißt?
   - ○ **immer** ○ **oft** ○ **manchmal** ○ **nie**

7. Hast du Schwierigkeiten, Entscheidungen zu treffen, aus Angst, falsch zu wählen oder zu scheitern?
   - immer - oft - manchmal - nie

8. Verheimlichst du Erfolge vor anderen? Fällt es dir schwer, sie zu zelebrieren?
   - immer - oft - manchmal - nie

9. Hast du Angst vor neuen Aufgaben, weil du befürchtest zu versagen, obwohl dir im Allgemeinen gelingt, was du angehst?
   - immer - oft - manchmal - nie

10. Neigst du dazu, deine Fehler schlimmer einzuschätzen, als sie sind (schlimmer, als du es bei Freund:innen tun würdest, beispielsweise)?
   - immer - oft - manchmal - nie

11. Hast du Angst, den Erwartungen anderer nicht gerecht zu werden?
   - immer - oft - manchmal - nie

12. Hast du bei Tests oder Aufgaben Erfolg, bei denen du vorher Sorge hattest, zu versagen?
   - immer - oft - manchmal - nie

Schau dir an, was du angekreuzt hast, und rechne nun zusammen.

Für jedes »Immer«: 10 PUNKTE **Für jedes »Oft«: 7 PUNKTE**
Für jedes »Manchmal«: 3 PUNKTE **Für jedes »Nie«: 0 PUNKTE**

91–120 PUNKTE: VIP-Mitglied, wenn nicht gar Anführer!
Du leidest so sehr unter dem Impostor-Syndrom, dass du dich womöglich gerade von der Überschrift unter Druck gesetzt fühlst. Denn Anführer klingt nach wichtigen Aufgaben, und schaffst du das überhaupt?!

Nein, jetzt mal im vollen Ernst: Du hinterfragst dein Können und deine Leistungen regelmäßig, und Selbstzweifel klammern sich hartnäckig an dein Bein, während du versuchst, durch den Alltag zu schreiten. Wenn man dich lobt oder dir etwas gelingt, dann ist dein erster Gedanke, dass du einfach Glück hattest oder eben zur richtigen Zeit am richtigen Ort warst – dass du sehr wohl etwas kannst, vergisst du dabei gern einmal. Du wartest förmlich darauf, dass deine Tarnung auffliegt und alle in deinem Umfeld merken, dass du eigentlich völlig fehl am Platz bist.

Es ist wichtig, dass du weißt, dass du damit nicht allein bist. Finde Taktiken, dein Selbstwertgefühl zu stärken, notiere dir jedes Lob und ruf es dir in Momenten des Zweifelns ins Gedächtnis. Feiere deine Erfolge – du kannst sehr viel mehr, als du glaubst!

56–90 PUNKTE: Herzlich willkommen im Impostor-Club!
Hier ist deine Mitgliedskarte: Du bist nun offiziell Teil des Impostor-Clubs. Deine Punktzahl deutet darauf hin, dass du häufig überrascht bist, wenn Leute dich loben, oder dass du deine Erfolge des Öfteren auf Glück münzt, anstatt auf dich. Du fühlst dich selten wie ein Experte oder eine Expertin auf einem Gebiet, selbst wenn du es bist.

Aber du hast auch immer mal Momente, in denen dein Selbstvertrauen deine Zweifel besiegt. Deine Unsicherheiten sind zwar ein stetiger Begleiter, doch manchmal schiebst du sie beiseite und gehst deine Ziele mutig an!

Versuche, dich noch stärker auf diese Momente zu konzentrieren. Nimm Lob an, anstatt es direkt abzutun, mache dir eine Liste mit all deinen Erfolgen und wage dich an Aufgaben heran, die andere dir zutrauen, denn ganz offensichtlich bist du in der Lage, sie zu meistern!

31–55 PUNKTE: Kleiner Impostor mit realitätsnahem Blick

Dir ist das Impostor-Syndrom nicht unbekannt, du hast Momente, in denen du an dir und deinen Fähigkeiten zweifelst, aber auch jene, in denen du stolz auf dich und deine Leistungen bist und Aufgaben mit Selbstvertrauen angehst. Du hast Ängste und Zweifel, aber sie hemmen dich nicht, und auch wenn du initial einmal vor Aufgaben zurückschreckst, nimmst du letzten Endes die Herausforderung an und meisterst sie.

Zu zweifeln ist völlig normal, daher musst du dir keine Sorgen machen. Solange du dich nicht davon aufhalten lässt und dein Licht nicht unter den Scheffel stellst, ist alles in Ordnung. Wenn du doch einmal zweifelst, dann halte dir einfach vor Augen, was du bereits alles geschafft hast – trotz deiner Ängste!

0–30 PUNKTE: Kein Impostor!

Herzlichen Glückwunsch! Bei dir hat das Impostor-Syndrom keine Chance. Selbstzweifel sind dir ein Fremdwort, und deine Erfolge feierst du mit Stolz. Klar, die ein oder andere Unsicherheit taucht hier und da einmal auf, aber von ihr lässt du dich weder aus der Bahn werfen, noch zweifelst du deshalb gleich an deinem gesamten Können. Du bist dir deiner Fähigkeiten bewusst und stehst dir selten selbst im Weg.

So besiegst du das Impostor-Syndrom

Zugegeben, die Überschrift ist etwas in die Irre führend, denn selten gibt es einen wirklichen Sieg. Meist ist es eher ein lang anhaltender Ringkampf, bei dem man mit der Zeit immer häufiger die Oberhand gewinnen kann. Es ist auch nicht alles schlecht am Impostor-Syndrom. Ich bin Teil des Clubs, und meine Arbeitsmentalität hat mich auch auf sehr positive Weise vorangebracht. Aber mein Perfektionismus und das ständige Herunterspielen meiner eigenen Leistung? Ich arbeite gerade aktiv daran, das loszuwerden. Doch wie erkennt man seinen inneren Impostor überhaupt, und wie sagt man ihm den Kampf an?

- **THERAPIE:** Das Thema habe ich ja bereits angesprochen, und auch hier kann ich nur noch einmal betonen, dass es wirklich hilfreich ist, mit jemand Professionellem über all das zu reden, alte Denkmuster und Verhaltensweisen aufzubrechen und neue zu erlernen. Besonders wenn du merkst, dass dein negatives Selbstbild und deine Selbstzweifel dich zurückhalten oder deinen Alltag beeinträchtigen. Du musst diese inneren Kämpfe nicht allein ausfechten.

- **REDEN:** Bleiben wir beim Thema Reden, denn allein das hilft schon immens! Wenn die eben genannten Schätzungen stimmen und wirklich siebzig Prozent aller Menschen das Gefühl, zumindest zum Teil, kennen, dann ist die Chance hoch, dass dein Gegenüber nachempfinden kann, wie es dir geht. Sprich darüber und hör anderen zu, wenn sie erzählen, wobei sie sich wie ein Hochstapler fühlen. Vielleicht überraschen dich ihre Sorgen und Ängste, weil du ein völlig anderes, sehr viel kompetenteres Bild von ihnen hast – und das ist andersherum mit Sicherheit genauso der Fall.

- **DEIN KÖNNEN REALISTISCH EINSCHÄTZEN (LASSEN):** Notiere dir deine Erfolge und alles, worin du gut bist. Ziehe auch Kolleg:innen oder Freund:innen zurate. Schaffe klare Tatsachen: Wenn du das Gefühl hast, nie schnell genug voranzukommen, sieh dir einmal an, ob du Deadlines einhältst oder wirklich zu langsam bist. Dann vergleiche die Fakten mit den Gedanken über dich selbst.

- **ERFOLGSTAGEBUCH FÜHREN:** Schreib dir jeden Abend mindestens eine Sache auf, die du gut gemacht hast. Das kann eine gute Note sein, dass dich jemand für etwas gelobt hat oder dass du selbst zufrieden mit einer Leistung warst. Vielleicht hast du etwas Neues auf der Gitarre geschafft oder es abends trotz allem noch hinbekommen zu meditieren oder spazieren zu gehen. Vielleicht hast du an der Kasse jemanden vorgelassen und der Person so den Tag verschönert – all das sind Erfolge, auf die du stolz sein solltest!

- **VERSUCHE, VERGLEICHE ZU VERMEIDEN:** Dazu gibt es bereits ein ganzes Kapitel, aber wann immer du dich vergleichst und einen Mangel in dir selbst entdeckst, ist das Brennholz für dein Impostor-Syndrom.

- **MACH DIR BEWUSST, DASS DU NICHT ALLEIN DAMIT BIST:** Das Mantra dieses Buchs, was? Aber es stimmt. Mach dir bewusst, wie vielen Menschen um dich herum es so geht wie dir. Übrigens auch etlichen Stars, die du bewunderst. Emma Watson beispielsweise hat 2013 in einem Interview mit dem *Rookie*-Magazin offen darüber geredet, dass sie sich oft ungenügend fühlt. Natalie Portman dachte damals, dass jemand einen Fehler gemacht habe, sie an Harvard zuzulassen, und Lupita Nyong'o – in meinen Augen eine der großartigsten Schauspielerinnen – gibt zu, bei jeder ihrer Rollen unter dem Impostor-Syndrom zu leiden. Wenn es diesen großartigen Frauen so geht, dann fühl dich bitte nicht schlecht, weil du ebenfalls solche Gedanken hast. Sie sind nicht deine Schuld.

- **AGIERE GEGEN DEIN IMPOSTOR-GEFÜHL:** Lass dich von den negativen Gedanken niemals aufhalten, etwas zu tun oder deine Ziele zu verfolgen. Handle bewusst gegen dein Impostor-Gefühl, nimm Aufträge an, die dich herausfordern. Steh zu deinen Erfolgen. Mach dich nicht kleiner, als du bist!

- **SCHREIB DIR LOB HINTER DIE OHREN – ODER MACH SCREENSHOTS DAVON:** Ich hab auf dem Handy einen Screenshot-Ordner. Wenn du mir einmal was Liebes zu einem meiner Bücher geschrieben hast, dann ist die Chance, dass du Teil dieses Ordners bist, hoch. Wir merken uns Negatives so viel leichter und länger als positive Worte zu uns oder unserem Tun. Umso wichtiger und wertvoller ist es, Lob bewusst zu speichern. Schreib es direkt in ein Buch oder deine Notiz-App. Screenshotte liebe Nachrichten von Freunden und Freundinnen – und lies dir das dann in Momenten des Zweifelns durch. Du kannst sie auch auf Zettel schreiben, in einem hübschen Glas verstauen und immer einen ziehen, wenn du gerade bestärkende Worte benötigst.

All das kann helfen, muss aber regelmäßig gelebt werden. Es ist ein Prozess, also gib dir Zeit und sei nicht zu hart mit dir selbst, wenn du bei deinen Übungen auch Rückschläge erlebst oder in alte Muster verfällst. Deine innere Stimme neu zu polen bedeutet Arbeit und ist nicht von heute auf morgen erledigt.

Lobsammlung

Notiere dir Lob und liebe Worte, die andere dir gegenüber geäußert haben, auf Zetteln. Befülle ein Glas damit, in das du greifen kannst, wenn dein innerer Impostor wieder übermächtig erscheint.

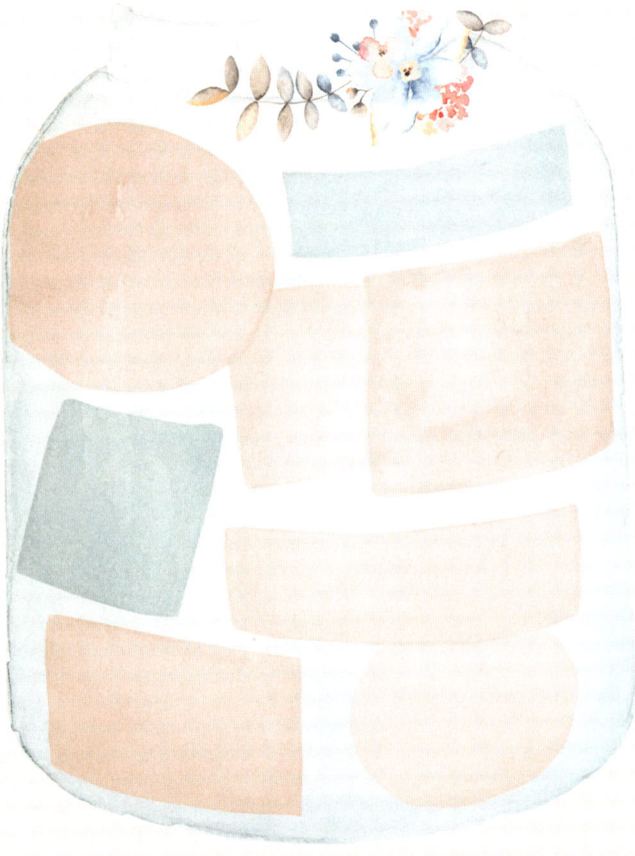

Perfektionismus ablegen

In der Regel sind die Menschen, die am Impostor-Syndrom leiden, auch Perfektionist:innen. Geht es dir da genauso? Perfektionismus meint das übermäßige Streben nach Vollkommenheit, extrem hohe Standards und den Wunsch, Dinge fehlerfrei zu erledigen. Das klingt grundsätzlich nicht schlecht, allerdings ist Perfektionismus abzugrenzen von hoher Gewissenhaftigkeit und dem Wunsch, gute Arbeit zu leisten. Letzteres ist toll, Perfektionismus hingegen – auch wenn er lange so einen guten Ruf hatte – hemmt uns und kann schädlich sein. Warum? Weil niemand fehlerfrei ist, Perfektionist:innen Fehler aber mit Scheitern gleichsetzen. Weil Perfektionist:innen ihre eigene Leistung abwerten, wenn diese ihrem Standard nicht genügt. Weil Perfektionist:innen oft noch sehr lange an Arbeiten sitzen, die eigentlich längst fertig sind.

Ich war selbst sehr lange perfektionistisch, und manchmal laufe ich Gefahr, wieder in dieses Muster zu rutschen. Es war gar nicht so leicht, meinen eigenen Perfektionismus abzulegen, weil ich ihn so lange mit etwas Gutem verbunden habe. Fakt ist aber: Mein Perfektionismus, mit dem ich gute Arbeit verbunden habe, hat mich ziemlich unproduktiv gemacht. Ich habe, bevor ich veröffentlicht habe, ewig lang an einem Buch rumgedoktert. Immer wieder habe ich die ersten Kapitel gelesen, sie unzählige Male überarbeitet. Auch als die Geschichte erzählt war, habe ich nicht losgelassen, bin immer wieder zu einzelnen Kapiteln zurückgekehrt und habe versucht, sie zu verbessern. Dabei wäre es so viel sinnvoller gewesen, das Buch abzuschließen und mich etwas Neuem zu widmen. Warum? Weil ich während des Schreibens des Buchs so viel Neues gelernt habe, das ich in dem nächsten Projekt anwenden konnte. Das Buch war nicht perfekt. Wie auch? Es war mein allererstes, und es wird niemals das Tageslicht erblicken. Sein Zweck war, mich voranzubringen. Wenn du etwas aber perfekt machen willst, dann ist die Chance hoch, dass du nicht vorankommst, sondern dich aufhältst, so wie ich damals – gerade im kreativen Bereich. Es gibt eine Aussage von Leonardo da Vinci, die ich mir in solchen Situationen immer wieder vor Augen führe: »Kunst ist niemals fertig, nur verlassen.« Wir müssen uns irgendwann dazu entscheiden, ein Projekt loszulassen, wenn wir vorankommen wollen. Es hat keinen Sinn, Perfektion in der Kunst anzustreben, da die Bewertungen dieser Kunst ohnehin subjektiv sind. Vermutlich gilt das für sehr viele andere Projekte ebenso gut wie für künstlerische. Wir lernen nie aus, wir werden uns immer weiterentwickeln – wie also sollen wir unserem eigenen Perfektionismus jemals gerecht werden?

Es ist nicht leicht, Perfektionismus abzulegen, und ich kann dir leider auch keinen Pfad aufzeichnen, dem du folgen musst, da Perfektionismus die unterschiedlichsten Gründe haben kann – angefangen in unserer Kindheit und der Erwartungshaltung unserer Eltern an uns. Was ich aber tun kann, ist, dir von einem Experiment zu erzählen, über das ich vor Kurzem gelesen habe und an das ich immer wieder denken muss. Jerry Uelsmann ist ehemaliger Professor der Universität in Florida in der Fachrichtung Film und Fotografie. Er hat seine Studierenden in zwei Gruppen eingeteilt: Eine Gruppe sollte einhundert Fotos schießen und einreichen, diese wollte er nach Quantität bewerten. Wer also die geforderten einhundert Fotos abgibt, besteht den Kurs. Die andere Gruppe sollte nur ein einziges Foto einreichen, das er nach Qualität beurteilen wollte. Am Semesterende fand Professor Uelsmann die besten Fotos seiner Studierenden nicht, wie vielleicht zu erwarten, in der Qualitätsgruppe, sondern ausschließlich in der ersten Gruppe, deren Augenmerk gar nicht auf der Qualität lag. Warum? Weil sie so viele Fotos gemacht haben, so viel experimentiert haben, dass sie innerhalb des einen Semesters unfassbar große Fortschritte gemacht haben und gar nicht verkopft sein mussten. Vielleicht erinnerst du dich ja das nächste Mal, wenn du etwas perfekt machen möchtest, an Uelsmann und seine Fotografie-Student:innen.

Wer bist du tief in deinem Inneren?

Bevor wir uns gleich deinen Beziehungen zu anderen widmen – Familienmitgliedern, deinem Freundeskreis und Partnerschaften –, schauen wir uns erst einmal die Beziehung zu dir selbst an. Denn du bist der wichtigste Mensch in deinem Leben. Das mag auf den ersten Blick egoistisch klingen, aber tatsächlich bist du die einzige Person, mit der du jede Sekunde deines Lebens verbringst. Die Menschen in deiner Umgebung formen dich, aber nur du weißt zu jedem Moment, was in dir vorgeht, was du fühlst und denkst. Die Beziehung zu dir selbst ist Grundstein für alles, was du in dein Leben holst – seien es Menschen, Dinge oder berufliche Positionen. Wir haben eben schon darüber gesprochen, wie du netter zu dir selbst sein kannst und wie du Grenzen setzt und für dich einstehst, aber hier geht es darum, deine Authentizität zu leben, Hilfe anzunehmen und herauszufinden, wer du wirklich bist.

Lerne dich selbst kennen

Wer bist du, wenn niemand hinschaut? Worüber könntest du stundenlang reden? Was macht dich aus? Denn um dich selbst kennenzulernen, brauchst du niemanden außer dich selbst.

Was sind deine Stärken? Was sind deine Schwächen? Was wie ein altbackenes Bewerbungsgespräch klingt, sind Fragen, die dir helfen können, dich kennenzulernen – frei von Filtern und Einflüssen. Mach dir schöne Musik an, schnapp dir einen Stift und nimm dir ein wenig Zeit, um über dich selbst nachzudenken.

Was sind deine Stärken?

Da wir unserem inneren Impostor ohnehin gerade den Kampf ansagen, mach dir Gedanken darüber, was du wirklich gut kannst. Gibt es etwas, was dir besonders leichtfällt? Das kann ein Skill sein wie Mathe oder das Zeichnen, aber auch etwas wie auf Menschen zugehen oder gut zuhören können. Vielleicht bist du superempathisch und hilfst gern anderen. Gibt es etwas, bei dem Menschen dich häufig um Rat oder Hilfe fragen? Das alles sind Hinweise auf deinen Charakter und auch darauf, worauf du dich im Leben konzentrieren solltest.

Worin bist du nicht so gut?

Notiere dir, ganz wertfrei, worin du nicht so gut bist. Dinge, die dich beim bloßen Gedanken schon schaudern lassen und die dir keinen Spaß bereiten. Ich meine damit nicht Dinge wie beispielsweise ein Instrument, das du ohne Übung natürlich nicht gut spielen kannst, sondern Dinge, die dein Inneres auch überhaupt nicht erfüllen. Ich kann zum Beispiel nicht Klavier spielen, aber es ist in der Theorie etwas, das ich mir gut vorstellen kann, wohingegen ich einfach kein Zahlenmensch bin. Ich finde Physik sogar superspannend, aber mich selbst in Formeln eindenken und diese lösen? Nope. Gib mir Sprachen, und ich lerne sie innerhalb kürzester Zeit. Integralrechnung hingegen war die reinste Qual für mich. Schau auch auf die Dinge, die auf den ersten Blick nichts mit Leistung zu tun haben: Strengt es dich vielleicht an, in sehr lauten Räumen zu sein? Oder hasst du es, im Mittelpunkt zu stehen? Schreib all das auf und sei dabei nett zu dir! Jeder Mensch hat Schwächen, und das ist gut und wichtig so, denn sonst wüssten wir gar nicht, wohin wir unser Leben ausrichten sollen.

Worin wärst du gern besser?

Jetzt geht es um Dinge, die du noch nicht kannst oder noch nicht so gut, wie du möchtest, die du dir aber theoretisch vorstellen kannst – wie bei mir der Umgang mit Instrumenten. Notiere dir alle Sachen, die du gern lernen würdest: Zeichnen, Schreiben, Bouldern oder Videobearbeitung gehören hier genauso hin wie Meditation, häufiger unter Menschen gehen, dir mehr Zeit für dich nehmen oder geduldiger werden. Sortiere, welche Dinge du tatsächlich angehen möchtest, und überleg dir dann, wie du das umsetzen kannst. Plane dir Zeit dafür ein.

Wobei kannst du dich so richtig gut entspannen?

Was bringt dich runter? Yoga? Ein gutes Buch? Videospiele? Oder brauchst du ein Gespräch mit jemandem aus der Familie oder dem Freundeskreis? Notiere dir hier all deine Safe Spaces und Wohlfühlmomente. Vielleicht musst du sie auch erst noch finden, das ist okay. Probiere dich aus und achte darauf, dass du dir immer wieder Zeit für diese Dinge einplanst.

Wobei hast du den meisten Spaß?

Das klingt im ersten Moment ein wenig wie die Frage zuvor, denn was dich entspannen lässt, macht natürlich auch Spaß – aber hier gehören auch Dinge hin, die du nicht zwingend regelmäßig machen kannst, wie zum Beispiel Reisen oder Konzertbesuche oder auch anstrengende Dinge wie Kraftsport. Diese Punkte können nicht täglich umgesetzt werden, gerade wenn es größeren finanziellen und zeitlichen Einsatz braucht, aber achte darauf, dass du regelmäßig etwas von ihnen angehst. Wenn du Reisen liebst, dann plane sie frühzeitig. Allein das steigert deine Vorfreude. Mach auch kleinere Ausflüge in der Umgebung, denn vermutlich liebst du am Unterwegssein ja gerade die neuen Erfahrungen und den Tapetenwechsel. Frage dich, warum dir diese Dinge Spaß machen, was sie in ihrer Essenz bedeuten. Am Beispiel Reisen verdeutlicht, könnte dort stehen: Neues entdecken, andere Umgebungen und Kulturen kennenlernen, unbekanntes Essen ausprobieren oder einfach aus der Routine ausbrechen. Dann überlege dir, wie du diese Unterpunkte in deinen Alltag integrieren kannst – vielleicht ja auch in deinen beruflichen.

Was ist deine schönste Erinnerung?

Natürlich darfst du auch mehrere nennen, aber geh einmal in dich und überlege, was deine schönste Erinnerung war. War es eine, die mit anderen Menschen zu tun hatte? Mit Natur? Mit einem erfüllten Traum? Schwelge ein wenig in den Erinnerungen und notiere sie dann. Vielleicht kommst du auch schon darauf, warum diese Erinnerung besonders schön für dich war. Meine schönsten Erinnerungen haben oft mit Natur und den Menschen, die ich liebe, zu tun, eher selten mit beruflichen Erfolgen. Das war für mich eine wichtige Lektion, da ich mein Leben sehr lange nur nach Karriereerfolgen ausgerichtet habe und das Streben nach ihnen sogar als Ausrede genutzt habe, warum ich für Natur oder Treffen keine Zeit habe – dabei hätte mich genau das glücklicher gemacht.

Wann fühlst du dich am sichersten und wohlsten?

Wann oder wo fühlst du dich geborgen? Fühlst du dich in anonymen Großstädten wohl oder eher inmitten der Natur? Bist du am ehesten du selbst, wenn du einen gemütlichen Abend daheim auf der Couch verbringst, oder dann, wenn du in deiner Freundesgruppe unterwegs bist? Welche Menschen schenken dir Geborgenheit und wie tun sie das? Weil sie Ruhe verbreiten oder weil du mit ihnen immer Aufregendes erlebst?

Ganz am Anfang des Buchs habe ich von Moodboards gesprochen. Dieses kannst du nun erweitern: Ergänze es um die Dinge, die dir Spaß machen, dir Sicherheit geben und auch die, die du noch lernen willst. Tu das alles ohne Wertung. Es geht hier nicht darum, was andere erwarten oder – wie im ersten Kapitel – um Vergleiche und das, was du glaubst, haben zu müssen. Es geht gerade nur um dich. Darum, wer du bist, wenn niemand hinschaut.

Date dich selbst

Fällt es dir leicht, Zeit mit dir allein zu bringen? Bist du lieber unter Menschen? Es ist vollkommen okay, lieber Dinge mit anderen zu unternehmen als allein. Immerhin macht es auch Spaß, sich nach einem Kinobesuch mit Freunden und Freundinnen über das Gesehene auszutauschen. Allerdings ist es wichtig, auch mit sich allein sein zu können. Stille auszuhalten. Dinge nur für sich zu tun, nicht weil eine Gruppe sie will. Zeit mit sich zu verbringen, um sich besser kennenzulernen.

Bei mir ist es beispielsweise so, dass ich meist keinen Orientierungssinn habe – wirf mich in eine Gruppe, und ich latsche fröhlich der Herde hinterher. Orientierung gebe ich in dem Moment an jemand anderen ab. Ich dachte deshalb auch lange, ich hätte gar keinen Orientierungssinn, dabei habe ich ihn sehr wohl, wenn ich ihn haben muss und mich nur auf mich verlassen kann (okay, und auf Google Maps, Internet sei Dank!). So gern ich Dinge in Gruppen und mit Freundinnen unternehme: Wirklich gewachsen bin ich in Situationen, in denen ich auf mich allein gestellt war. In diesen Situationen habe ich gelernt, was ich alles kann und was in mir steckt. Situationen, in denen ich allein gereist bin, plötzlich auftauchende Probleme selbst anpacken musste, Phasen, in denen ich allein gewohnt habe und auf mich selbst angewiesen war, um Dinge auf die Reihe zu kriegen. Erst so habe ich gelernt, wie stark ich bin und was ich eigentlich alles kann.

Verbring Zeit mit dir selbst, auch wenn es sich am Anfang merkwürdig anfühlt. Allein in Cafés gehen fand ich schon immer okay, allein auf Reisen im Restaurant essen hingegen? Das war mir lange richtig unangenehm. Dabei guckt dich wirklich niemand komisch an, und du kriegst die Zeit im Zweifel auch mit einem Buch gut rum. Versuch aber, wenn du etwas ganz allein unternimmst, nicht ständig nur am Handy zu sein. Das ist eine Übersprungshandlung, die uns vermeintliche Sicherheit gibt, aber so flüchten wir uns nur aus der unangenehmen Situation. Dabei kann diese uns helfen, zu wachsen. Denn Dinge allein zu tun, fördert deine Unabhängigkeit, es zeigt dir, was du wirklich willst und was du vielleicht nur Gruppen zuliebe tust. Es lehrt dich, wie du auf Stresssituationen reagierst und wie du Probleme angehst. Wenn du dich selbst auf Dates einlädtst, lernst du, dich selbst wichtig zu nehmen, dich selbst wertzuschätzen. Du lernst, was du magst und was nicht. Was du denkst, wenn da kein Lärm um dich herum ist. Du lernst, Entscheidungen zu treffen, und du stärkst deine Beziehung zu dir selbst.

Falls sich das, wie für mich anfangs, ungewohnt oder gar unangenehm anfühlt, du Angst davor hast: Mach dir bewusst, dass niemand in deinem Umfeld so sehr über dich nachdenkt wie du selbst. Wenn du beispielsweise allein irgendwo essen gehst, wird das die Leute um dich herum wenig bis gar nicht interessieren. Du selbst denkst darüber nach, wie du auf andere wirken magst – aber wie oft schaust du dich bewusst um und urteilst über Menschen, die Dinge allein tun? Die allein in einem Café sitzen und lesen, allein an einer Tour teilnehmen oder allein ins Kino gehen? Selten bis gar nicht vermutlich. Also trau dich, lern dich selbst kennen und verbring Zeit mit dir.

IDEEN FÜR EIN *Date mit dir selbst*

- Picknick im Park
- Museumsbesuch
- Wellness-Tag

- Botanischer Garten
- Foto-Safari in deiner Stadt
- Spaziergang am See
- Flohmarktbummel
- Kinobesuch

- Bücher shoppen
- Café besuchen und lesen

- Touri-Dinge in deiner eigenen Stadt
- Planetariumsshow
- Filmabend
- Ein neuer Sportkurs
- Ein Tagesausflug in eine Stadt in der Nähe
- Kochkurs oder neues Rezept probieren

Du bist mehr als dein Erfolg

Gerade eben habe ich schon gesagt, dass ich mich sehr über meinen beruflichen Erfolg definiere und daher überrascht war, dass meine schönsten Erinnerungen so selten damit zu tun hatten. Sie hatten viel mehr mit dem Prozess zu tun: Ich bin glücklich, wenn ich schreibe, mir neue Ideen kommen, ich komplett im Flow und in meiner Kreativität bin. Wenn ich Leser:innen treffe und sehe, dass meine Bücher etwas bewegen. Das alles macht mich tatsächlich glücklicher als die Bestsellerplatzierung. Ich will sie trotzdem, keine Frage. Aber ich will diesen beruflichen Erfolg in erster Linie, um weiter das tun zu können, was ich liebe. Erfolg zu wollen, ist nichts Schlechtes. Wir alle streben nach etwas. Aber du bist mehr als dein Erfolg. Du bist mehr als dein Beruf. Das alles mag ein Teil von dir sein, ja, aber das bist nicht du.

Es ist gar nicht so leicht, das zu verinnerlichen. Wenn jemand dich fragt, was du machst oder was du bist, meint diese Person mit ziemlicher Sicherheit, welchen Beruf du ausübst oder welchen Studiengang du gewählt hast. Du antwortest dann vielleicht: »Ich bin Studentin, ich studiere Architektur«. Später dann: »Ich bin Architektin.« Es gibt tolle Ted Talks zu dem Thema – *Your job does not define your worth* von Jessy Gomes zum Beispiel oder *You are more than just your job* von Owen Cafe. Die Talks zeigen, dass die meisten von uns sich durch den Job definieren, dass wir unseren Selbstwert daraus ziehen. Sie zeigen jedoch auch ein sehr großes Problem daran auf: Was, wenn wir unseren Job verlieren? Macht uns das wertlos? Sind wir dann nicht mehr wir?

Als jemand, der sich früh über schulische Erfolge definiert hat, über die im Tanzen und schließlich über berufliche, haben mich diese Fragen ziemlich zum Nachdenken gebracht. Mein Selbstwert war stets mit meiner Leistung und meiner Performance verknüpft. So weit, so gut, das sorgt schließlich dafür, dass ich mich anstrenge, nicht wahr? Doch wir sind mehr als unsere Arbeit und das Geld, das wir mit ihr verdienen. Sonst wären schlecht bezahlte Jobs wie die von Pflegepersonal weniger wert als die des Managements in Großkonzernen. Jeder Mensch ist wertvoll. Egal, welchen Beruf er ausübt, wie er aussieht, wen er liebt, was er tut, was er glaubt – dein Wert ist etwas, was dir gehört. Er ist unumstößlich in dir drin, fest verwebt mit deinem Innersten. Niemand kann ihn dir nehmen. Keine Aussagen anderer können ihn angreifen, kein noch so geringes Gehalt, keine Rückschläge, nicht einmal der Verlust von Arbeit, Haus und alldem. Du bist wertvoll. Es ist nur wichtig, dass du deinen Wert erkennst.

Ich will damit nicht sagen, dass du dich nicht auch über deinen Job definieren darfst. Das zu tun ist völlig normal und okay. Aber du solltest es nicht ausschließlich tun. Du bist mehr als dein Job, mehr als deine Erfolge und dadurch auch mehr als deine Niederlagen. Du bist nicht mehr wert als jemand anderes, nur weil du den besser bezahlten oder cooleren Beruf ausübst oder bessere Noten hast. Du bist genauso wenig weniger wert, solltest du keine Stelle finden oder durch eine Prüfung rasseln.

Nutze die Übungen in diesem Kapitel, um dich selbst kennenzulernen, richte den Blick auf deine Stärken anstatt nur auf deine Schwächen, verbringe Zeit mit dir selbst – du wirst sehen, wie facettenreich du bist und dass du so viel mehr bist als deine Leistung.

Lerne, um Hilfe zu bitten

Das wird einer dieser Abschnitte des Buchs, in dem ich weise Dinge sagen werde, an die ich mich selbst leider noch gar nicht halte. Denn mit nichts tue ich mich so schwer wie damit, um Hilfe zu bitten. Ich finde die Vorstellung gruselig, will meiner Familie und meinem Freundeskreis nicht zur Last fallen, und selbst in festen Beziehungen hasse ich es, schließlich kam ich davor ja auch bestens allein klar und will meine Unabhängigkeit nicht aufgeben.

Würde ich einer Freundin Hilfe anbieten? Sofort. Hätte ich dabei das Gefühl, dass sie mich ausnutzt, mir zur Last fällt oder Ähnliches? Natürlich nicht!

Würde ich hingegen eine Freundin um Hilfe bitten? Nope, nur über meine Leiche. Oder die Leiche meines Egos. Hätte ich das Gefühl, sie auszunutzen oder ihr zur Last zu fallen? Na klar! Und ihre wertvolle Zeit zu stehlen, und was, wenn sie genervt ist von mir?

So oder so ähnlich sehen meine Gedanken aus, wenn ich in

einer Situation bin, in der ich vermutlich Hilfe bräuchte, mich aber lieber allein weiter mit Dingen und Problemen herumschlage, anstatt andere um Unterstützung zu bitten. Kommt dir das bekannt vor? Dann erzähle ich dir – und mir – jetzt ein paar Dinge zum Thema Hilfe.

Fünf Gründe, WARUM DU UM HILFE BITTEN SOLLTEST

1. Es stärkt deine Beziehungen

Das Gefühl, dass andere dich weniger schätzen, du ihnen zur Last fällst? Das ist Quatsch. Immerhin stehst du ja nicht jeden Tag auf der Matte. Ganz im Gegenteil: Der Austausch von Hilfe stärkt soziale Beziehungen. Diese sind nämlich ein Geben und Nehmen – und wenn du immer nur gibst, ohne auch einmal nach Hilfe zu fragen, ist die Beziehung ebenso einseitig, wie wenn du immer nur nimmst.

2. Es ist ein Vertrauensbeweis

Jemanden um Hilfe zu bitten, ist ein enormer Beweis von Vertrauen. Sicher hast du dich schon einmal geschmeichelt gefühlt, wenn eine Person ausgerechnet von dir einen Rat wollte, nicht wahr? Genau so funktioniert es auch andersherum.

3.
Du kommst schneller ans Ziel

Ziemlich selbsterklärend eigentlich, aber vier Augen sehen mehr als zwei, vier Hände erledigen mehr als zwei, und je mehr Köpfe auf einer Sache herumdenken, desto mehr Lösungen und Ideen wird es geben. Einen Umzug stemmt man in den seltensten Fällen allein, immerhin geht es gemeinsam viel schneller. Genau so sieht es bei den meisten Problemen oder Hindernissen aus. Du tust dir selbst also einen riesigen Gefallen, wenn du um Hilfe bittest, weil du dich viel schneller wieder anderen Dingen widmen kannst.

4.
Helfen macht glücklich

Zwischen Helfen und dem Ausschütten von Glückshormonen konnte ein direkter Zusammenhang nachgewiesen werden. Wir Menschen sind soziale Wesen und brauchen Verbundenheit. Studien zeigen, dass Geben, Helfen und altruistische Tätigkeiten wie beispielsweise ein Ehrenamt Stresshormone senken und gleich mehrere Glückshormone wie Serotonin, Dopamin und Endorphin ausschütten. Wenn dir das Fragen nach Hilfe beim nächsten Mal schwerfällt, rufe dir also in Erinnerung, dass dein Gegenüber dir vielleicht gern hilft und ebenfalls glücklicher wird.

5.
Es steigert dein Selbstwertgefühl

Mit jedem Mal, wenn du um Hilfe bittest, wird es leichter. Mit jedem Mal lernst du, dass du es wert bist, Hilfe zu erhalten. Andersrum steigert das Helfen auch den Selbstwert deines Gegenübers, da du der Person damit zeigst, dass sie fähig ist, dir zu helfen. Das steigert das eigene Kompetenz- und Wertempfinden. Wichtig ist natürlich, in Maßen um Hilfe zu bitten, die Grenzen anderer Personen zu achten und diese nicht auszunutzen. Aber wenn diese Dinge bedacht werden, ist Hilfe etwas Tolles, Gemeinschaftliches.

Freundschaft, Familie, Liebe – wer tut dir gut in deinem Leben?

Angeblich sind wir der Durchschnitt der fünf Menschen, mit denen wir den Großteil unserer Zeit verbringen. Diese prägen uns am meisten und formen unseren Charakter – unser engstes Umfeld beeinflusst also unser Handeln und Denken. Zumindest wenn man Unternehmer und Motivationstrainer Jim Rohn Glauben schenkt, was ich – mit kleinen Ausnahmen – jetzt einmal tue. Es klingt auch logisch, dass uns unser Umfeld beeinflusst. Unsere Eltern geben uns in der Regel ihre Werte mit, und sogar sprachlich passen wir uns an unser nahes Umfeld an, übernehmen beispielsweise Phrasen unserer engsten Freunde und Freundinnen. Ob es nun genau fünf Personen sind, sei einmal dahingestellt, trotzdem bitte ich dich, dir einen Zettel und Stift zu schnappen und einmal zu überlegen, wer deine engsten Kontakte sind.

Notier dir die Namen der fünf Menschen, die dir gerade am nächsten sind. Du kannst dafür die Vorlage verwenden oder, wenn du mehr Platz benötigst, eine eigene Liste erstellen. Notiere erst die Personen deiner Gegenwart, dann in einer zweiten Liste die Menschen, die dich in der Vergangenheit beeinflusst haben. Vielleicht hast du den Kontakt zu einer Freundin abgebrochen oder einen Partner verlassen, weil dir die Beziehung nicht gutgetan hat?

Geh im nächsten Schritt all diese Namen durch und überlege dir, mit welcher Stimmung du an sie denkst. Ist es eine positive? Ist da deine Mutter, die dich in allem unterstützt? Eine Freundin, die du immer anrufen kannst und die deine Batterien auflädt? Oder ist auch jemand dabei, mit dem du gerade zwangsläufig zu tun hast, der deine inneren Batterien aber eher aussaugt, anstatt dir Energie zu geben? Je nachdem kannst du ein Herz oder einen Smiley eintragen oder auch einfach eine Farbe, die dir beim Gedanken an die Person einfällt.

Begründe als Nächstes deine Gefühle, reflektiere, was den Gedanken an die Person positiv oder bedrückend, warm oder gefrustet sein lässt. Fällt dir direkt etwas ein, worin diese Menschen dich – positiv wie negativ – beeinflussen?

Solltest du merken, dass in deiner Gegenwartsliste jemand steht, dem gegenüber du negative Gefühle hast, überlege, ob es ein Dauerzustand oder nur eine Phase ist. Schlechte Tage oder Wochen, gar Monate, in denen ein Mensch mehr nimmt als gibt, hat jeder einmal. Es ist wichtig zu unterscheiden, ob es ein vorübergehender Zustand ist oder ein dauerhafter, der dir schadet. In letzterem Fall besteht höchstwahrscheinlich Handlungsbedarf.

Gegenwart

Name	Stimmung	Warum?	Gedanken

Vergangenheit

Name	Stimmung	Warum?	Gedanken

Toxische Beziehungen

Wir reden mittlerweile sehr viel häufiger über toxische Beziehungen als noch vor ein paar Jahren, was ich großartig finde. Leider hält das nicht davon ab, trotzdem in eine geraten zu können, da es meist graduell geschieht. Außerdem fehlt mir persönlich in der Debatte noch, dass toxische Beziehungen nicht zwingend Liebesbeziehungen sein müssen, sondern genauso gut in Freundschaften oder aber innerhalb der Familie vorhanden sein können. Da toxische Beziehungen in der Liebe weiter erforscht und diskutiert werden und unser Partner oder unsere Partnerin in der Regel die Person ist, mit der wir die meiste Zeit verbringen, schauen wir uns erst einmal Liebesbeziehungen an. Einige der Punkte lassen sich auch auf Freundschaften und familiäre Beziehungen übertragen, doch auch auf die werfen wir gleich noch einen Blick. Toxische Beziehungen können viele Formen annehmen, es gibt kein Schema, das sie alle abbildet. Dennoch gibt es einige Merkmale, die darauf hindeuten, dass die Beziehung, die du zu einem Menschen hast, ungesund ist.

Zwölf Merkmale
FÜR TOXISCHE BEZIEHUNGEN

1.
Love-Bombing

Am Anfang der Beziehung ist alles rosig. Du wirst auf ein Podest gestellt und bist *der* Mensch für die andere Person. Vielleicht erhältst du großzügige Geschenke oder Zuneigungsbekundungen über Social Media. Das ist in der ersten Verliebtheitsphase relativ normal und okay, wenn sich beide Parteien damit wohlfühlen, deshalb zeigen sich toxische Beziehungen oft erst nach einem längeren Zeitraum. Auffällig ist hier jedoch die schnelle Frequenz, mit der die Liebesbekundungen erfolgen, und vor allem, wie frühzeitig.

2.
Alles geht sehr schnell

Dieser Punkt betrifft vor allem romantische Beziehungen. Nicht nur die Liebesbekundungen erfolgen frühzeitig, die Person möchte auch schnell mehr – Körperliches ebenso wie Zukunftspläne. Es ist frühzeitig von Gefühlen und Liebe die Rede, der Zusammenzug ist gedanklich schon geplant, und selbst erste Heiratspläne werden nach kurzer Zeit thematisiert.

3.
Extreme Hochs und Tiefs

Du warst noch nie so glücklich wie mit diesem Menschen – aber auch noch nie so traurig. Diese Beziehung ist wie eine Achterbahnfahrt. Mal bist du der wichtigste Mensch im Leben des oder der anderen, dann wieder gibt es Streit und Vorwürfe. Diese Hochs und Tiefs wechseln sich oft sehr schnell ab. Es kann sogar sein, dass die andere Person sich zeitweise komplett zurückzieht, nicht mal mehr auf Nachrichten antwortet.

4.
Du bist nie genug

Egal, was du tust, es ist nie genug. Du bist nie genug. Du wirst kritisiert, erst nur im Kleinen, dann immer mehr. Deine Essgewohnheiten, dein Kleidungsstil, die Art, wie du sprichst, du kannst es der Person nie recht machen und fühlst dich in ihrer Gegenwart oft kleiner, als du eigentlich bist. Paartherapeut und Diplompsychologe Christian Hemschemeier, der sich in Büchern und Podcasts mit dem Thema beschäftigt, sieht in diesem Punkt übrigens das deutlichste Merkmal für toxische Beziehungen.

5.
Mangelnde Unterstützung

Während gesunde Beziehungen dazu beitragen sollten, die Träume und Ziele des jeweils anderen zu unterstützen und wahrwerden zu lassen, geschieht das in toxischen Beziehungen nicht. Im Gegenteil: Deine Träume werden heruntergespielt, manchmal sogar aktiv sabotiert – immerhin sollst du nicht wachsen und dich verändern. Von dir hingegen wird diese Unterstützung eingefordert.

6. Gaslighting

Gaslighting bezeichnet eine Form psychischer Manipulation, bei der eine Person versucht, die Realität der anderen zu verzerren. Der Begriff stammt aus dem Film *Gaslight*, der 1944 erschienen ist: Ein Mann bringt seine Ehefrau dazu, an ihrem Verstand zu zweifeln, indem er die Gaslampen des Hauses dimmt und behauptet, sie bilde sich das veränderte Licht nur ein. Solch ein Verdrehen der Realität und das Fördern von Selbstzweifeln sind ganz typisch für toxische Beziehungen. Du merkst es daran, dass die Person versucht, dich zu verunsichern, oder sogar bewusst manipuliert. Das kann so weit gehen, dass du irgendwann an dir zweifelst und nicht mehr weißt, was wahr und was falsch ist. Zu Gaslighting zählt auch das Leugnen von Taten oder Gesagtem. Dies geschieht besonders häufig nach Streits, wenn du eine Person auf ihr Fehlverhalten ansprichst und diese behauptet, sich nie so geäußert zu haben, wie du es ihr vorwirfst. Die Person kann die Dinge so weit verdrehen, dass am Ende des Streits dir die Schuld an allem zugewiesen wird. Das leitet prima zum nächsten Punkt über, denn …

7. Du bist immer schuld

Du trägst die Verantwortung für Streits und alles, was in der Beziehung schiefläuft. Du bist schuld an der schlechten Stimmung der anderen Person, und natürlich bist du auch schuld, dass der Tag dann doch so doof geworden ist. Ein toxischer Partner bzw. eine toxische Partnerin schafft es sogar, dir die Schuld am eigenen Fremdgehen zu geben. Anstatt Verantwortung für das eigene Handeln zu übernehmen, wird diese von sich gewiesen und das Geschehene so manipuliert, dass die Schuld auf dich übergeht.

8. Kontrolle

Toxische Beziehungen sind oft von einem Machtungleichgewicht geprägt. Das äußert sich dadurch, dass die andere Person stets die Entscheidungen trifft, manchmal sogar über deine hinweg. Womöglich möchte die Person sogar kontrollieren, was du tust, wie du dich kleidest oder mit wem du dich triffst.

9. Grenzüberschreitung

Je länger die Beziehung andauert, desto mehr deiner Grenzen überschreitet die Person. Durch Worte und im schlimmsten Fall auch durch Taten oder Handgreiflichkeiten.

10.
Isolation

Du wirst isoliert. Das kann direkt geschehen, indem dir das Treffen mit anderen untersagt wird, du nicht mehr feiern gehen sollst, deine Freund:innen dir madig geredet werden, oder aber indirekt, weil dein Freundeskreis dir schon länger damit in den Ohren liegt, dich von der Person zu lösen, und du dich aus Angst, gemaßregelt zu werden, nicht mehr traust, ihm von allem zu berichten. Eventuell versucht die andere Person sogar, deine Kommunikation zu kontrollieren, will dein Handy überprüfen oder bei Telefonaten anwesend sein. So wirst du systematisch von deinem sozialen Umfeld abgeschnitten. Dadurch erhält die Person weitere Kontrolle über dich und gefährdet außerdem deine Unabhängigkeit. Sie wird deine engste (und manchmal einzige) Bezugsperson.

11.
Abhängigkeit

Du fühlst dich abhängig von der Person. Dieser Punkt geht mit einigen der anderen einher, muss aber nicht zwangsläufig mit der Isolation gemeinsam auftreten. Auch ein ständiges Hin und Her der Gefühle kann süchtig machen wie eine Droge. Abhängigkeit kann sich in verschiedenen Formen zeigen.

Du kannst emotional abhängig von der anderen Person sein. Wenn dein Selbstwertgefühl klein ist bzw. kleingemacht wurde, dann bist du vielleicht abhängig von der Liebe, Bestätigung und Sicherheit, die die Person dir vermeintlich bietet. Aber auch finanzielle Abhängigkeit kann ein Faktor sein – dieser betrifft vor allem Frauen, insbesondere jene, die sich primär um die Erziehung der Kinder kümmern und keinen Beruf (mehr) ausüben.

Finanzielle Abhängigkeit erschwert eine Trennung. Katharina Martin, Autorin von *Bis das Geld euch scheidet* geht sogar so weit, von finanzieller Gewalt zu sprechen. Diese trifft zum Beispiel besonders alleinerziehende Mütter, die ökonomisch abhängig von den Unterhaltszahlungen ihrer Ex-Partner sind. Ich persönlich finde den Begriff sehr zutreffend, da viele Menschen aus finanzieller Abhängigkeit an Personen gebunden werden, die ihnen nicht guttun (das kann auch im Elternhaus der Fall sein und ist – ganz unromantisch – häufig der Grund, warum in unserer Großelterngeneration so viel mehr Ehen hielten).

Psychische Abhängigkeit geht oft mit Drohungen einher. Wenn jemand dir mit Konsequenzen droht, solltest du dich von ihm oder ihr lösen. Das kann körperliche Gewalt sein, aber auch schon harmloser anfangen. Wenn eine Freundin oder ein Freund dir droht, die Freundschaft zu kündigen, solltest du beispielsweise einen Ausflug mit jemand anderem aus dem Freundeskreis planen. Nicht immer handelt es sich dabei um bewusste Manipulation, dennoch ist es eine Form davon.

Du kannst auch sozial abhängig von einer anderen Person gemacht werden – das geht mit der eben angesprochenen Isolation Hand in Hand. Wenn du nicht mehr auf Unterstützung von Freund:innen und Familie zählen kannst und es dir schwer gemacht wird, allein klarzukommen – wen hast du dann noch? Richtig: deine:n Partner:in beziehungsweise die Person, die dich überhaupt erst isoliert hat.

12.
Eifersucht

Gleich vorweg: Eifersucht kann auch in einer gesunden Beziehung gelegentlich auftreten. Ich persönlich bin kein Fan davon und glaube, dass sie immer aus Unsicherheit oder geringem Selbstwertgefühl herrührt (das sage ich als ehemals eifersüchtiger Mensch). In einer gesunden Beziehung sollte man einander vertrauen. Dennoch: Sie kann auftreten, vielleicht kennst du das Gefühl ja auch. Wichtig ist, sie zu kommunizieren und nicht aufkochen und in toxisches Verhalten münden zu lassen. Wenn sie jedoch überhandnimmt und zu destruktivem Verhalten, Kontrolle oder gar Aggression führt, dann sollten deine Alarmglocken läuten.

Wenn du glaubst, in einer toxischen Beziehung zu stecken, dann bist du nicht allein. Selbst wenn du isoliert sein solltest und in deinem direkten Umfeld niemand ist, mit dem du reden kannst, kannst du dir Hilfe suchen. Es gibt beispielsweise ein Hilfetelefon für Gewalt gegen Frauen und eines für Gewalt gegen Männer – hier kannst du auch anrufen, wenn dir nicht physisch wehgetan wurde, sondern du unter verbaler und emotionaler Gewalt leidest. Es gibt außerdem eine Chat- und E-Mail-Beratung, solltest du nicht direkt anrufen wollen oder können. Solche Hotlines gibt es ebenfalls für Fälle im familiären Umfeld. Du findest Telefonnummern, Websites und weitere Infos am Ende des Buchs. Nimm deine Ängste und dein Unwohlsein ernst. Nimm dich ernst.

Sich von den falschen Menschen lösen

Vielleicht bist du jetzt schlauer, was das Erkennen von toxischen Menschen angeht, doch insgesamt gilt: Wenn der Kontakt zu einem Menschen – auch freundschaftlich oder familiär – dir nicht guttut, dich auslaugt oder dafür sorgt, dass du ständig an dir selbst zweifelst, dann ist es Zeit, ihn genauer unter die Lupe zu nehmen und zu überlegen, ob du diesen Menschen nicht besser aus deinem Leben ausschließt.

Vorab: Das Ganze ist superkomplex. Es gibt Situationen, aus denen du dich nicht so einfach lösen kannst. Mobbing in der Klasse zum Beispiel. Du kannst mit deinen Eltern und dem Lehrpersonal reden, dir dort Hilfe holen, aber manchmal ist es nicht einfach, sich einer solchen Situation zu entziehen. Dasselbe gilt für schlechte Beziehungen zu deinen Eltern oder Erziehungsberechtigten. Leider verbessern sich solche Situationen oft erst im Lauf der Zeit, beispielsweise wenn du volljährig wirst und dein Leben selbst in die Hand nehmen kannst. Such dir in solchen Fällen trotzdem unbedingt professionelle Unterstützung, du musst durch so etwas nie allein durch!

Es gibt jedoch Situationen, aus denen du dich befreien kannst – auch wenn es Kraft kostet. Du kannst dich von Menschen lösen, die dir nicht guttun, Freund:innen, von denen du dich emotional entfernt hast, oder Freundschaften, denen du entwachsen bist. Andersherum ist es keine Pflicht, Menschen Lebewohl zu sagen, die einige der oben erwähnten Eigenschaften aufzeigen. Ganz sicher tragen wir alle diese einmal von Zeit zu Zeit zur Schau. Es ist immer wichtig, Beziehungen individuell zu beurteilen, auch dich selbst zu reflektieren und dann so zu handeln, dass es zum einen fair ist und zum anderen dir nicht schadet. Dabei sollen dir die folgenden Seiten helfen.

REFLEKTIERE DEINE BEZIEHUNGEN

Einen Menschen aus dem eigenen Leben auszuschließen ist ein schwieriger Schritt, so wichtig er manchmal auch sein mag. Immerhin haben wir selbst auch Macken, mit denen andere auskommen müssen. Außerdem sind da all die gemeinsamen Erinnerungen, die man geschaffen hat. Es ist ja auch nicht alles schlecht. Doch manchmal ist all das Gute nicht genug. Ein kleiner Riss kann geklebt werden: mit Erinnerungen, Vergebung und Liebe. Aber je größer die Risse werden, je tiefer die verursachten Wunden, desto schwerer ist es. Reflektiere daher regelmäßig, welche Menschen dir guttun und welche nicht. Frage dich nach Treffen mit Freunden, aber auch mit Familienmitgliedern, wie es dir geht. Hat dir das Treffen Energie entzogen? Würdest du dich am liebsten im Bett verkriechen, weinen oder drei Tage schlafen?

In der Vampir-Comedy-Serie *What we do in the Shadows* gibt es neben den üblichen Vampiren auch sogenannte Energievampire. Sie ernähren sich nicht von Blut, sondern von Lebensenergie, indem sie ihr Gegenüber langweilen oder mit wehleidigen Klagen nerven – so lange, bis der jeweilige Mensch am Ende seiner emotionalen Kapazitäten ist. Das ist natürlich sehr überspitzt, aber ich hab die Serie gesehen und dachte: »Oh mein Gott, solche Leute kenne ich!« Das ist auch nichts gegen die jeweilige Person, und ganz sicher war auch ich schon ein Energievampir für jemanden. Ich bringe den Vergleich hier nur, weil wir sicher alle das Problem kennen, wenn es uns nach einem Treffen mit jemandem schlechter geht als zuvor. Das kann gute Gründe haben, beispielsweise wenn wir mit einer Person gemeinsam trauern oder ihr durch eine schwierige Phase helfen. Diese komplett legitimen Phasen, in denen ein anderer Mensch unseren Beistand braucht, meine ich jedoch nicht. Vielmehr beziehe ich mich auf Beziehungen zu Menschen, die dich ganz ohne besondere Vorkommnisse an deine emotionalen Grenzen zu bringen scheinen. In diesen Fällen passen du und die andere Person vielleicht einfach nicht (mehr) zusammen. Das ist okay und ein guter Grund, diese Beziehung zu hinterfragen.

Um sich von einem Menschen zu lösen, muss dieser nicht toxisch oder gar gewalttätig und schädlich sein. Es reicht, dass wir uns in der Beziehung nicht mehr wohlfühlen. Deine Gefühle sind valide. Manchmal verändern wir und die Menschen in unserem Leben uns in entgegengesetzte Richtungen. Manchmal hilft uns eine Freundschaft in einem bestimmten Lebensabschnitt, aber ist nicht dafür gedacht, weiter zu bestehen. Nur du kannst entscheiden, für welche Beziehungen es sich zu kämpfen lohnt und welche es zu beenden gilt.

Welche Beziehungen tun mir gut?

Die folgenden Fragen sollen dir helfen, deine Beziehungen zu reflektieren. Sei ehrlich zu dir und fühl dich nicht schlecht wegen deiner Antworten – es geht hier nicht um Schuldzuweisungen gegenüber deinen Freund:innen oder Menschen, die du liebst, sondern lediglich darum, in dich zu horchen und herauszufinden, wer dein Leben bereichert und dir Energie schenkt.

Wen würdest du als Erstes in einer schwierigen Lage um Hilfe bitten?

Wem schreibst du zuerst, wenn du gute Neuigkeiten hast?

Bei wem hast du hingegen das Gefühl, mit Erfolgen hinterm Berg zu halten und sie vorsichtig verpacken zu müssen?

Wer hat dir zuletzt einfach so etwas Gutes getan?
(Eine kleine Aufmerksamkeit, eine liebe Nachricht etc.)

Wer hat dich in etwas bestärkt, das du nun lebst?
(Studium, Job, Hobby etc.)

Bei wem kannst du komplett du selbst sein,
ohne verurteilt zu werden?

Wer akzeptiert deine Grenzen und ist bereit,
auch mal Kompromisse einzugehen?

Bei wem hast du hingegen Angst, sie zu kommunizieren, und sagst aus dieser Angst heraus auch Ja, wenn du eigentlich Nein sagen möchtest?

Wer entschuldigt sich bei dir, wenn die Person etwas falsch gemacht hat?

Bei wem hast du das Gefühl, immer den ersten Schritt machen zu müssen?

Wer gibt dir Energie?

Wer entzieht sie dir?

Kommunikation statt Ghosting

Ghosting, also das plötzliche und unerklärliche Verschwinden aus dem Leben einer Person und der komplette Kontaktabbruch mit dieser, ist nicht nur verletzend, sondern auch schädlich, da die Betroffenen sich immer wieder fragen werden, was passiert ist. Selbst wenn etwas wirklich falsch gelaufen ist, solltest du dein Gegenüber genug respektieren, um einen klaren Schlussstrich zu ziehen, den beide Seiten verarbeiten können. So schwer es manchmal fällt: Wenn du eine Freundschaft beenden willst, dann sei klar und deutlich, aber empathisch und respektvoll. Es ist eine Trennung, ähnlich wie in einer Beziehung. Wirf der Person keine Sachen an den Kopf, sondern sei konstruktiv – und sei im Umkehrschluss auch bereit, dir Kritik anzuhören.

Hier bekennt mein Vergangenheits-Ich sich schuldig, denn ich habe mir früher oft Ausreden überlegt, anstatt klar zu kommunizieren, dass ich keine Lust auf ein Treffen habe. Warum? Zum einen wollte ich mein Gegenüber nicht verletzen, zum anderen war ich einfach zu feige. Und ganz ehrlich: Treffen zu schieben und Personen immer wieder zu vertrösten, ist letztendlich viel verletzender, als zu kommunizieren, dass es einfach nicht mehr so passt. Das tut auch weh! Keine Frage. Es ist unangenehm. Aber alles andere schürt Hoffnungen, wo keine sind. Du hältst eine Person in der Warteposition, in einer einseitigen Freundschaft, aus der du dich mehr und mehr löst. Das ist weder dir noch der anderen Person gegenüber fair. Im Idealfall geht ihr aus einem abschließenden Gespräch beide klüger und mit mehr Seelenfrieden hinaus.

Grenzen setzen

Dazu hatten wir bereits ein Kapitel, aber ich möchte Grenzen an dieser Stelle noch einmal erwähnen, weil sie in Beziehungen unglaublich wichtig sind. Setze Grenzen, wenn du merkst, dass dich Äußerungen oder Taten verletzen. Kommuniziere deutlich, wenn dich eine Aussage trifft. Du kannst, aber musst keinen Grund dafür nennen. Wenn der Person etwas an dir liegt, wird sie künftig darauf achten. Oft sagen wir Dinge, ohne zu überlegen, was sie im Gegenüber auslösen können und ohne böse Absichten zu haben. Wenn deine Grenzen ständig überschritten werden, verbale Angriffe nicht aufhören, dann ist es vielleicht an der Zeit, dich von der Person zu lösen. Die Person, mit der du befreundet bist, kann dir noch so viele Komplimente machen, wenn sie dennoch nicht aufhört, deine Schwächen zu attackieren, dann tut sie dir nicht gut.

Auch innerhalb der Familie sind Grenzen wichtig. Im Idealfall wollen deine Eltern nur dein Bestes und eine möglichst erfolgreiche Zukunft für dich. Leider kann sich das oft auch in Druck verwandeln, wenn sie dich beispielsweise zu Höchstleistungen in Schule oder Sport antreiben. Es ist häufig sehr, sehr schwer, mit den eigenen Eltern über solche Erwartungshaltungen zu sprechen, schließlich wollen wir sie nicht enttäuschen. Aber: Echte Eltern lieben bedingungslos. Sie lieben dich, egal, wen du liebst, egal, wie du aussiehst, egal, ob du ihre Erwartungen an Leistung erfüllst. Wenn du nicht das direkte Gespräch suchen willst, schreib ihnen vielleicht einen Brief. Das zeigt ihnen zum einen, wie ernst dir diese Angelegenheit ist, und gibt ihnen außerdem Zeit, sich Gedanken zu machen und nicht direkt auf das Gesagte reagieren zu müssen oder sich in die Ecke gedrängt zu fühlen. Das funktioniert bei Freundschaften natürlich genauso gut wie in der Familie.

Manchmal hilft nur Lebewohl

Nach meiner ersten Trennung habe ich ein Buch mit dem Titel *It's Called a Breakup Because It's Broken* gelesen. Ich hab ehrlich gesagt keine Ahnung mehr von dessen Inhalt und habe es nie beendet – aber der Titel ist bei mir hängengeblieben, weil er in dem Moment eigentlich auch alles war, was ich habe lernen müssen: Manchmal sind Beziehungen so kaputt, dass sie sich nicht fixen lassen.

Wenn dir eine Freundschaft dauerhaft – nicht phasenweise – Energie nimmt, statt sie dir auch zu geben, dann ist es vielleicht an der Zeit, sie zu beenden.

Wenn ein Familienmitglied ständig gegen deine Werte und deine klar kommunizierten Grenzen handelt, dann ist es womöglich Zeit, einen Schlussstrich zu ziehen.

Wenn du und dein Partner oder deine Partnerin euch entliebt habt, wenn ihr nicht mehr daran arbeiten könnt oder einander sogar schadet, dann ist eine Trennung vermutlich das Gesündeste, was ihr tun könnt.

Achte auf dich, deine Energie und dein Herz und reflektiere regelmäßig, was dir guttut und was nicht. Mach dein Leben zu einem sicheren Platz für dich und gib den Schlüssel dafür nur Menschen, die es verdient haben, ihn mit dir zu bewohnen.

Hilfe, wie finde ich Freund:innen?

Jetzt haben wir viel über das Erkennen von schlechten Beziehungen geredet und darüber, wie wir die für uns schädlichen Menschen aus unserem Leben ausschließen – wie aber holen wir die hinein, die uns guttun? Diese Frage habe ich mir Anfang zwanzig echt einige Male gestellt. Ich hatte einen Kreis aus guten Freund:innen an der Uni, der sich jedoch nach und nach auflöste: Wegzüge, Studienwechsel und zu Teilen auch meine mangelnde Zeit aufgrund mehrerer Nebenjobs haben es erschwert, die Freundschaften aufrechtzuerhalten. Irgendwann habe ich mich umgesehen und stand allein da – und alle anderen hatten ja bereits ihre Grüppchen. Klar, da war immer jemand an der Uni, ich saß nie allein, aber eine enge Freundesclique, wie ich sie von früher kannte, mit der man alles besprechen und alles unternehmen kann? Fehlanzeige.

Die Phase war irgendwann tatsächlich sehr schlimm für mich. Mittlerweile unternehme ich gern Dinge allein, liebe es, allein zu reisen – doch damals hat es dazu geführt, dass ich mich zurückgezogen habe. Ich habe noch mehr gearbeitet, noch weniger unternommen. Klar, ich habe Versuche gewagt, neue Leute kennenzulernen, war in Sportkursen und all so was, aber irgendwie ist der Funke nicht recht übergesprungen. Ich habe mich mit allen gut verstanden, aber diese tiefe freundschaftliche Verbindung, nach der ich mich gesehnt habe, die war da nicht. Und so habe ich mich irgendwann unfassbar einsam gefühlt. Trotz Beziehung und tollen Kolleg:innen übrigens. Wenn mich dieser Lebensabschnitt eines gelehrt hat, dann, dass für mich nichts über meine Freund:innen geht. Ich habe mittlerweile das große Glück, die besten Freunde und Freundinnen zu haben, die ich mir wünschen kann.

Vielleicht ist das direkt die erste wichtige Message: All das ist eine Phase. Nichts ist für immer, auch nicht die Einsamkeit. Insbesondere wenn du gerade in Umständen steckst, die du wenig beeinflussen kannst, die sich aber definitiv ändern, wie beispielsweise deine Schulklasse. Es gibt nichts Schlimmeres, als andere willentlich und wissentlich von etwas auszuschließen und ihnen das Gefühl zu geben, nicht dazuzugehören oder nicht (gut) genug zu sein. Wenn dir das gerade widerfährt, tut mir das unglaublich leid. Schließe davon niemals darauf, dass du falsch bist. In deiner Klasse sind etwa dreißig andere Jugendliche – diese bilden nicht den Rest der Menschen ab, die dir in deinem Leben noch begegnen und dieses bereichern werden.

Ein Hoch auf das Internet!

Ich fange mit dem Punkt an, der von vielen Menschen als eher unsozial gesehen wird und der von mir im ersten Kapitel ebenfalls viel Negatives abbekommen hat: das Internet! Tatsächlich habe ich die meisten meiner engsten Freunde und Freundinnen nämlich genau darüber kennengelernt. Ich habe damals einen Buchblog gegründet, mir einen Bookstagram-Account angelegt – also einen Instagram-Kanal, auf dem ich über Gelesenes gesprochen habe –, und plötzlich war da eine neue Welt. Eine voller

Menschen, die Bücher, Fantasy und allen möglichen Nerdkram ebenfalls lieben. Gemeinsame Interessen verbinden, und nirgends findet man Gleichgesinnte schneller als auf Social Media.

Als ich klein war, lautete die gängige Regel noch: »Triff dich niemals mit Menschen aus dem Internet.« Tatsächlich ist die wichtig und richtig – aber es gibt eben auch wundervolle Ausnahmen. Sei vorsichtig, wenn du Menschen online begegnest. Weihe, je nachdem, wie alt du bist, deine Eltern ein und erzähle ihnen, mit wem du da gerade sprichst. Meine ersten Begegnungen mit anderen Bookstagrammer:innen fanden öffentlich auf der Buchmesse statt. Such dir für Treffen mit Online-Freund:innen am besten auch einen sicheren Raum. Lass immer Vorsicht walten, aber wenn du diese Punkte beachtest, dann steht dir eine Welt voll Gleichgesinnter offen.

Es gibt mittlerweile auch Apps, die dir helfen, Freundschaften zu schließen. Sie funktionieren im Grunde wie Dating-Apps, nur eben ohne den Dating-Aspekt. Ich habe noch keine getestet und kann daher keine persönliche Empfehlung aussprechen, aber vielleicht sind diese ja etwas für dich. Manche von ihnen sind explizit an Frauen gerichtet oder so ausgelegt, dass man sich in einer Gruppe trifft. Ansonsten existieren inzwischen unterschiedliche Discord-Communitys zu allen möglichen Nischenthemen. Hier ist der Austausch meist persönlicher und direkter als auf Social Media, und dadurch, dass die Gespräche in Gruppen stattfinden, gerätst du nicht in Verlegenheit, das Gespräch selbst anstoßen zu müssen.

Sport- oder Interessensgruppen

Ich habe eben bereits erwähnt, dass es innerhalb der Sportgruppen etliche wundervolle Menschen gab, es aber dennoch nicht richtig Klick gemacht hat. Rückblickend lag das aber definitiv auch an mangelnder Initiative meinerseits. Ich kann also dennoch nur empfehlen, dich mal nach Gruppen in deiner Umgebung umzuschauen. Universitäten bieten oft Sportgruppen oder andere Hobby-Aktivitäten zu einem günstigen Preis an – übrigens auch, wenn du selbst gar nicht an der Uni immatrikuliert bist, dann ist es nur ein bisschen teurer.

Melde dich für Kurse oder Workshops an, die dich interessieren. Das kann vom Selbstverteidigungskurs bis hin zum Töpfern alles sein. In Hamburg gab es letztens in einem Café einen Lesezeichen-Bastelabend. Natürlich ist das Angebot in größeren Städten oft vielfältiger als in kleinen Ortschaften, aber auch dort gibt es häufig Vereine oder Ehrenämter, bei denen man sich einsetzen kann. Such dir einen Buchclub, notfalls auch online. Vielleicht hast du sogar Lust, selbst etwas zu organisieren: einen Spieleabend, gemeinsames Gassi-Gehen, Freundschaftsbänder-Basteln für alle Swifties in der Nähe – nutze deine Nische und deine Interessen.

Bring dich in Situationen, in denen alle neu sind

Das erfordert häufig, über den eigenen Schatten zu springen, war bei mir aber ein Lifechanger. Oft ist das Problem, dass alle schon ihre festen Gruppen haben, in die man nur schwer eindringen kann (oder überhaupt möchte). Finde Situationen, in denen alle neu sind, das nimmt etwas von der Befangenheit bzw. lässt zumindest alle ähnlich befangen sein. Bei mir war diese Situation mein Auslandsstudium, aber direkt das Land zu wechseln ist vielleicht etwas zu drastisch.

Eine sehr gute Freundin an der Uni habe ich schließlich in einem Italienischkurs kennengelernt. Auch hier waren die meisten allein angemeldet, und es hat die Karten gefühlt neu gemischt. In Sprachkursen kommt man außerdem zwangsläufig ins Gespräch, da man die neu gelernten Vokabeln anwenden muss – das ist meist ein Eisbrecher. Suche dir eine solche Situation und versuche, offen auf die Leute dort zuzugehen. Es ist wie ein kleiner Neustart, da dich hier noch niemand kennt.

Trau dich, Leute anzusprechen

Die meisten Menschen fühlen sich mal allein. Sehr viele sogar ständig. Interessanterweise zeigen Statistiken, dass wir Jüngeren von achtzehn bis Mitte dreißig uns sehr viel häufiger einsam fühlen, als es bei älteren Menschen der Fall ist – und das, obwohl wir doch eigentlich ständig vernetzt sind. In der Altersgruppe von achtzehn bis neunundzwanzig sagen Stand 2019 nur 41 Prozent der Befragten, dass sie sich selten oder nie einsam fühlen. 2019 wohlgemerkt, die rosige Zeit vor Lockdowns und Pandemie, die Sozialkontakte für viele noch erschwert haben. Die Chancen sind also hoch, dass Gleichaltrige in deinem Umfeld das Gefühl, einsam zu sein oder nicht dazuzugehören, sehr gut kennen. Daher sind die Chancen, dass sie sich freuen, angesprochen zu werden, ebenfalls hoch. Wenn dir jemand, dem du begegnest, sympathisch ist, dann trau dich einfach, die Person zu fragen, ob sie Lust auf einen Kaffee hat.

»Hey, hast du Lust, mal einen Kaffee zu trinken / mit zu der Lesung zu kommen / gemeinsam den neuen Film zu sehen?« Es erfordert Mut, ja, aber überlege dir, wie du dich fühlen würdest, wenn jemand dich das nach einer Begegnung fragt? Vermutlich ziemlich gut, oder? Immerhin heißt das, dass du deinem Gegenüber sympathisch bist. Selbst wenn keine Freundschaft daraus entsteht, hattest du vermutlich ein interessantes Gespräch und hast etwas Neues dazugelernt.

Can't love no one else till you love yourself – was ist dran an dem Sprichwort?

Du kannst niemanden lieben, bis du dich selbst liebst. So geht der allseits bekannte Spruch, der immer wieder gepredigt wird. Aber stimmt das? Muss man wirklich erst Selbstliebe verinnerlicht haben, um anderen Liebe geben zu können? Ich persönlich halte das für Quatsch. Selbstliebe ist ein Prozess, sie ist Arbeit, sie ist etwas, was du ganz allein schaffen musst und was dir keine Partnerschaft geben kann – dein Umfeld kann dich darin bestärken, ja, doch die Schritte musst du selbst tun. Aber aufgrund von Selbstzweifeln und dem inneren Kritiker oder negativen Gedanken anderen keine Liebe schenken zu können? Unsinn.

Was jedoch kein Unsinn ist: Selbstliebe fördert gesunde Beziehungen. Wer sich seines Selbstwerts bewusst ist, erkennt toxische Muster schneller. Wenn du dich selbst liebst, lässt du dich weniger leicht herumschubsen. Gleichzeitig verfällst du selbst nicht so leicht in toxische Muster, wenn du dir deines Werts bewusst bist, ganz einfach, weil du weniger Unsicherheiten hast. Das kann ich mit Sicherheit sagen, auch wenn ich der grundsätzlichen Aussage des Satzes nicht zustimme. Viel passender finde ich aber das berühmte Zitat aus *The Perks of Being a Wallflower:* »We accept the love we think we deserve.« Denn sehr oft stimmt es, und wir geben uns mit der Art von Liebe zufrieden, die wir zu verdienen glauben. Je besser unser Bild von uns selbst, desto höhere und fairere Bedingungen stellen wir an die Liebe, die wir erhalten.

Ich war einmal in einer sehr toxischen On-Off-Geschichte, und während ich Freund:innen wirklich gute Beziehungstipps gegeben habe, habe ich sie bei mir alle gekonnt über Bord geworfen. Ich habe die Zeichen ignoriert, auf die mein Umfeld mich hingewiesen hat, und bin munter in mein eigenes Verderben gelaufen. Jetzt im Nachhinein, ohne rosarote Brille und mit klarem Blick, kann ich über mein eigenes Verhalten echt nur den Kopf schütteln. Doch ich weiß auch, dass diese Phase keine leichte in meinem Leben war und ich mich auf diese eine vermeintlich gute Sache gestürzt habe, als wäre sie mein Rettungsanker. Ich hatte in der Zeit kein sonderlich positives Bild von mir selbst – und das hat sich in meinem Verhalten deutlich gezeigt. Paartherapeut Christian Hemschemeier bringt das, was ich selbst auf die harte Tour lernen musste, ganz gut auf den Punkt: Wer sich selbst nicht genug liebt, sucht sich die Liebe von außen. Wir geben uns mit

Brotkrumen zufrieden, während wir eigentlich eine dreistöckige Torte verdient hätten. Das alles, um ein Loch zu füllen, das wir nur selbst stopfen können.

Ich liebe die Liebe. Habe ich schon immer, werde ich immer. Ich glaube, dass zu lieben und im Umkehrschluss geliebt zu werden das Großartigste ist, was passieren kann – in Partnerschaften, aber auch in Freundschaften. Jeder kann, soll und darf Liebe selbst für sich definieren. Nicht jeder kann oder möchte romantische Liebe fühlen, und daran ist nichts verkehrt. So großartig ich persönlich die romantische Liebe und das Verliebtsein auch finde – dein eigenes Wohlergehen sollte immer an erster Stelle stehen. Kein anderer Mensch ist es wert, dass du an ihm zerbrichst. Du musst dich nicht mit den erwähnten Brotkrumen zufriedengeben, wenn du mehr willst. Wenn dir beispielsweise regelmäßiger Austausch im Dating wichtig ist – soll heißen Nachrichten und Telefonate –, du aber nur alle paar Wochen ein Update erhältst, dann ist die logische Konsequenz daraus nicht: »Na ja, viel um die Ohren bestimmt, ich warte geduldig, das halte ich schon aus, ich kann ja meine Freund:innen volljammern und dann einfach nachts um drei, wenn die Nachricht endlich kommt, stundenlang chatten und am nächsten Tag übermüdet auf die Arbeit gehen.« (Wem das übertrieben vorkommt – it's me vor einigen Jahren.)

Die logische Konsequenz wäre, das Problem anzusprechen, zu sagen, was dich daran verletzt, und zu schauen, ob ihr einen Kompromiss findet, mit dem ihr beide leben könnt. Vielleicht ist dein Redebedürfnis höher als das der anderen Person, das ist okay. Trefft euch in der Mitte. Das bedeutet, dass nicht nur du Arbeit reinsteckst und geduldiger wirst, sondern auch, dass die andere Person sich bemüht mehr zu schreiben – um jetzt bei dem Beispiel zu bleiben. Natürlich lässt sich das auf alles Mögliche übertragen. Schau, ob diese Mitte dir genügt. Beziehungen sind immer auch Kompromisse. Du musst selbst überlegen, welche Kompromisse für dich in Ordnung sind und welche nicht. Es ist okay, zu merken, dass etwas doch nicht passt, weil du mehr oder etwas anderes willst. Steh für dich ein. Versuche nicht, die andere Person zu verändern oder gar dich selbst. Erkenne, wenn du eher in die Idee von Liebe oder einer Beziehung verliebt bist als in diese eine Person. Und dann löse dich.

Also: Wenn du das mit der Selbstliebe oder Selbstakzeptanz noch nicht kannst, heißt das nicht, dass du nicht in der Lage bist, zu lieben. Jeder Mensch hat verdient, geliebt zu werden. Nur weil es Dinge an dir gibt, an denen du arbeitest, heißt das nicht, dass du nicht liebenswert bist. Streich dieses Sprichwort also gern aus deinem Gedächtnis. Liebe. Aber liebe vor allem auch dich selbst, denn je zufriedener du mit dir und dem Leben bist, das du dir erschaffst, desto eher werden romantische Beziehungen – wenn du sie möchtest – ein Bonus, der dein Leben noch ein Stückchen mehr verschönert.

Lerne deine Love Language

Hast du schon einmal von den fünf Love Languages, also den fünf Sprachen der Liebe gehört? Der Begriff stammt aus der Paartherapie, genauer gesagt von Gary Chapman. Er hat fünf Beziehungssprachen definiert, mit denen wir in Partnerschaften kommunizieren und die für das Gefühl, geliebt zu werden, verantwortlich sind. Sie funktionieren übrigens nicht nur für romantische Beziehungen, sondern auch für die zu Freund:innen und Familienmitgliedern. Sicher findest du eine oder gleich mehrere, in denen du dich wiedererkennst. Es lohnt sich, auch mit den Menschen in deinem Umfeld darüber zu sprechen. Es kann nämlich sein, dass ihre Love Language ganz anders aussieht als deine. Das zu wissen hilft, besser auf ihre Bedürfnisse einzugehen und dafür zu sorgen, dass sie sich von dir geliebt fühlen – im Umkehrschluss kannst du so besser kommunizieren, was du dir von den anderen wünschst.

Die fünf Sprachen DER LIEBE

1. Words of Affirmation

Wenn Worte der Bestätigung deine Liebessprache sind, ist es dir wichtig, liebevolle und aufbauende Worte oder Lob zu erhalten. Ausgesprochene Liebesbekundungen geben dir ein Gefühl von Sicherheit, negative bewirken schnell das Gegenteil und verunsichern dich. Dir fällt es im Umkehrschluss sehr leicht, anderen zu sagen, dass du sie magst, und sie zu loben. Du machst gern Komplimente und sagst die Dinge, wie sie dir auf dem Herzen liegen.

2. Quality Time

Vielleicht ist Zweisamkeit dir besonders wichtig, also exklusive und aufmerksame Zeit mit der Person, die du liebst – sei es ein Abendessen, ein ungestörter Tag zusammen oder ein tägliches gemeinsames Ritual. Ablenkungen von dieser Zeit, wenn die andere Person zwischendrin beispielsweise ans Handy geht, empfindest du eventuell als mangelndes Interesse an dir.

3. Gifts

Wenn es deine Liebessprache ist, Geschenke zu erhalten und zu machen, heißt das nicht, dass dir Materielles über alle Maßen wichtig ist. Hier spielt nicht der materielle Wert die große Rolle, sondern der Gedanke dahinter, die Kreativität und vielleicht auch die Tatsache, dass jemand dir gut genug zugehört hat oder dich so gut kennt, dass die Person genau weiß, was du in diesem Moment gern hättest. Du wiederum schenkst anderen auch besonders gern kleine Aufmerksamkeiten, dafür muss die Person keinen Geburtstag oder irgendetwas geleistet haben.

4. Acts of Service

Dieser Punkt lässt sich am besten mit Hilfsbereitschaft und Hilfe-Leisten übersetzen. Hier wird Liebe vor allem durch Taten ausgedrückt. Du fühlst dich besonders geliebt, wenn jemand dir hilft, ohne dass du darum bitten musst. Vielleicht übernimmt die Person eine lästige Aufgabe für dich oder hilft dir bei kleinen Alltagsdingen. Für dich wiederum ist Helfen eine Selbstverständlichkeit und du überlegst dir, wie du deine Lieben unterstützen kannst.

5. Physical Touch

Dieser Punkt ist vermutlich ziemlich selbsterklärend, denn hier sind körperliche Nähe und Zärtlichkeiten der Ausdruck von Liebe. Sie bedeuten für dich eine tiefe emotionale Verbundenheit. Das können Küsse sein, aber auch Umarmungen oder einfach das Ankuscheln beim Schauen eines Films unter Freund:innen.

Erkennst du dich in einem oder mehreren Punkten wieder? Oft treffen natürlich alle in gewisser Weise zu, weil sie Hand in Hand gehen. Aber bei jedem Menschen sind die Sprachen unterschiedlich stark ausgeprägt. Wenn dir beispielsweise Worte und das Aussprechen liebevoller Gedanken wichtig sind und du diese hören musst, um dich in einer Beziehung sicher zu fühlen, kann es schwer sein, wenn dein Gegenüber diese Worte gar nicht braucht, sondern Liebe eher durch Taten ausdrückt. Dann ist das Zubereiten deines liebsten Frühstücks das Zeichen von Liebe, aber ein »Du bist der wichtigste Mensch für mich« kommt schwerer über die Lippen.

Der Begründer der Theorie, Chapman, hat das Ganze mit dem Sprechen unterschiedlicher Muttersprachen verglichen. Das erschwert Kommunikation natürlich erst einmal – aber wenn du schaust, welche Liebesbekundungen dir wichtig sind und welche den Menschen in deiner Umgebung, dann könnt ihr die Sprache des jeweils anderen lernen.

Liebeskummer

Egal, wie viel man über die Liebe weiß oder glaubt zu wissen, manchmal bricht sie einem trotzdem das Herz. Dabei ist es egal, ob du verlassen wurdest, deine Liebe nicht erwidert wird oder du selbst dich aus einer Beziehung löst, die nicht mehr funktioniert: All diese Dinge tun weh. Liebeskummer ist ein Scheißgefühl, aber eines, das gefühlt werden will. Ich habe es mir nach einer Trennung mal aktiv verweigert und kann nur sagen: Mach das nicht. Weine, rede mit Freund:innen, leide, hör traurige Lieder, iss all die Schokolade, tu, was immer dir Körper, Kopf und Herz gerade sagen und was dir guttut. Dein Körper ist beim Liebeskummer tatsächlich im Ausnahmezustand, weil dein Hormonhaushalt aus der Bahn gerät. Dann kann es schwerfallen, dich zu konzentrieren, und auch das Glücklichsein ist erst mal nicht so leicht. Nimm dir also unbedingt Zeit zu trauern.

WENN DU VERLASSEN WURDEST

Wenn du verlassen wurdest, vielleicht sogar, ohne dass du auch nur den leisesten Hauch einer Vorahnung hattest, dann kann Liebeskummer besonders schlimm treffen. Vielleicht hast du mit deinem Partner oder deiner Partnerin bereits zusammengewohnt, vielleicht verstehst du dich gut mit der Familie, ihr hattet Pläne – und nun soll all das vorbei sein? Diese Art von Liebeskummer läuft in Phasen ab. In manchen Büchern und Podcasts ist von sieben die Rede, in anderen von fünf oder gar nur vier, teilweise variieren sie – das zeigt bereits, wie individuell Trauer ist. Schauen wir uns die fünf Phasen, die fast alle nennen, einmal genauer an.

- **VERDRÄNGUNG:** Zuerst kannst du gar nicht fassen, was gerade passiert, und leugnest es womöglich. Du bist komplett geschockt. Vielleicht hältst du alles erst einmal für ein Missverständnis, hoffst auf eine Versöhnung. Du rufst dir – und vielleicht auch deinem oder deiner Ex – die positiven Erfahrungen ins Gedächtnis.

- **SCHMERZ UND TRAUER:** Die Wohnung ist leer, du scrollst durch die Chats, aber erhältst keine neuen Nachrichten mehr: Der Verlust dessen, was einmal war, ist deutlich spürbar. Vielleicht ist da auch Angst, weil man nun wieder ganz am Anfang steht, vom Leben gefühlt etliche Schritte zurückgeworfen wurde. Am liebsten willst du dich vermutlich daheim verkriechen und nichts scheint dich aufzumuntern. Jeder noch so gut gemeinte Ratschlag ist fehlplatziert, denn der Verlust wiegt zu schwer. So furchtbar diese Phase auch ist – sie ist wichtig. Nimm dir Zeit für Selbstfürsorge, schlafe ausreichend, iss, auch wenn der Appetit weg ist, suche dir Aktivitäten, die dir Freude bereiten. Sei allein, wenn du magst, aber verkriech dich auch nicht vor der Welt. Such dir Menschen, mit denen du reden kannst und die auch mal mit dir schweigen, wenn keine Worte mehr da sind.

»Trauer ist nichts, was man verpacken, fest verschnüren und außer Sichtweite legen kann. Man kann sie nicht gezielt auspacken und sich ihr zu besonderen Anlässen stellen. Vielmehr überrollt sie einen wie eine Lawine, hinterrücks, losgetreten von den kleinsten Dingen, und begräbt einen unter sich, ohne Luft zum Atmen zu lassen.«

SONGS OF EMERALD HILLS

WUT: Wenn dein Kopf verstanden hat, dass die Beziehung vorbei ist, folgen in der Regel die Emotionen. Meist zuerst Trauer, dann aber allen voran Wut. Es ist vollkommen normal, dass du verletzt bist. Immerhin hat dein Partner bzw. deine Partnerin etwas aufgegeben, an das du noch geglaubt hast, etwas, in das du viel Zeit und Liebe gesteckt hast. Lass all deine Emotionen zu, handle in dieser Phase aber nicht überstürzt. Es kann helfen, all die zornigen Gedanken niederzuschreiben. Schreib einen Brief und lass alles raus – aber schick ihn nicht ab. Die Wut kann sich in manchen Fällen auch gegen dich selbst richten, wenn du dir beispielsweise die Schuld an der Trennung gibst. Versuche, dir zu verzeihen. Selbst wenn du Fehler gemacht hast, die zur Trennung geführt haben, kannst du aus ihnen lernen. Das wird dich im Moment wenig trösten, aber im Rückblick wirst du Positives daraus ziehen können.

- **VERHANDELN:** Du suchst nach Gründen für das Ende der Beziehung, überlegst, was hätte besser laufen können. Womöglich entsteht dabei der Wunsch, die Dinge noch einmal von vorn anzugehen, sie dieses Mal anders und besser zu machen. Reflektieren ist wertvoll, meist ist eine Trennung vielschichtig. Es kann auch helfen, alles mit etwas Abstand noch einmal mit dem oder der Ex zu besprechen. Tu dies aber nicht in Momenten der Wut, sondern wirklich erst, nachdem ausreichend Zeit vergangen ist. Klare Antworten können wehtun, aber sie beenden auch rastloses Grübeln. Gib dir nicht selbst die Schuld. Was passiert ist, ist passiert. Es bringt rein gar nichts, nachtragend zu sein. Verzeih dir, lern aus den Dingen, die schiefgelaufen sind.

- **AKZEPTANZ:** Die Realität der Trennung sickert ein, und sie ist vielleicht noch schmerzhaft, aber dir gelingt es wieder, nach vorn zu schauen, Alternativen zu sehen. Das bedeutet nicht, dass der Schmerz komplett verschwunden ist, aber du schaffst es trotzdem, mit dem Verlust zu leben. Ein Neuanfang scheint nicht mehr ganz so unmöglich.

Das sind die typischen Phasen der Trennung, was jedoch nicht heißt, dass du alle in dieser Reihenfolge oder überhaupt durchläufst. Vielleicht hast du ja selbst schon geahnt, dass etwas nicht mehr passt, und bist gar nicht schockiert, oder aber du bist nur traurig und nicht wütend. Wie bei jeder Form von Trauer verläuft diese nicht linear. Es gibt keinen Fahrplan, dem du folgen kannst, keine Checkliste, die es abzuarbeiten gilt. Nimm deine Gefühle ernst und gib ihnen Raum. Such dir Hilfe, wenn du nicht allein durch den Schmerz kommst – in Form deiner Freund:innen, deiner Familie oder auch professioneller Unterstützung. Eine Trennung ist ein einschneidendes, oft lebensveränderndes Erlebnis. Sie wirbelt all unsere Pläne durcheinander und katapultiert uns an einen anderen Punkt in unserem Leben, den wir vermutlich nie für möglich gehalten haben.

Tu, was sich richtig für dich anfühlt. Wenn du einen glatten Bruch mit allem Vergangenen möchtest, dann pack jegliche emotionalen Gegenstände in eine Kiste. Lad einen Freund oder eine Freundin dazu ein und bringt alles außer Sichtweite. Vielleicht hilft dir Ablenkung, dann mach Pläne, mach vielleicht etwas, was dein:e Ex nicht so gern mochte, tu es nur für dich. Schaff dir neue Routinen, ändere Dinge, die dich zu sehr an das Vergangene erinnern und den Schmerz. Ob das nun ein anderes Fitnessstudio ist, du dir neues Parfum holst, eine andere Serie am Abend siehst oder die Wohnung in frischen Farben streichst. Sei achtsam und nett zu dir selbst und vor allem: Habe Geduld.

WENN DEINE LIEBE NICHT ERWIDERT WIRD

Du kannst auch Liebeskummer haben, ohne jemals mit der Person, in die du verliebt bist, in einer Beziehung gewesen zu sein. Unerfüllte Liebe ist schmerzhaft, andauernde On-Off-Beziehungen oder sich anbahnende Beziehungen mit Menschen, bei denen du nie weißt, woran du bist, ebenso. Genau wie Trennungen kratzen sie am Selbstwert und verunsichern dich. Viele der oben genannten Tipps kannst du auch in dieser Situation anwenden. Wenn du jedoch abgewiesen wurdest, wenn jemand nicht genauso »all in« ist, wie du es bist, dann ruf dir in Erinnerung, dass es nichts, aber rein gar nichts über deinen Wert aussagt. Ich weiß, eine solche Situation fühlt sich wie ein Verlust an, aber wenn man ganz nüchtern die Fakten betrachtet, dann hast du nichts verloren. Oft sind wir mehr in die Vorstellung einer Person oder einer Beziehung verliebt als in die Person selbst. Du hast es verdient, dass deine Liebe erwidert wird, dass die andere Person genauso viel Prozent gibt, wie du es tust. Du musst niemandem hinterherjagen, niemanden von dir überzeugen, dich nicht verbiegen. Die richtige Person liebt dich, weil du *du* bist. Bei der richtigen Person ist es nicht schwer, sondern einfach. Natürlich sind Beziehungen auch Arbeit, aber all das Schwere, die Kompromisse – das kommt noch früh genug.

Wenn eine Person deine Liebe einfach nicht erwidert, dann ist das hart und schmerzvoll – aber dann musst du das akzeptieren. So weh es tut. Du kannst unfassbar stolz sein, deine Gefühle erkannt und sie womöglich sogar offen kommuniziert zu haben. Es ist nie ein Fehler, zu lieben. Die Fehler folgen, je nachdem, was wir daraus machen.

Wenn du beispielsweise in einer On-Off-Beziehung steckst oder von einer Person hingehalten wirst, dann wird deine Liebe ebenso sehr nicht erwidert wie im ersten Beispiel. Auch wenn die andere Person es dich immer wieder glauben lässt. In gewisser Weise ist diese Version sogar noch schlimmer, weil du keine klare Kommunikation und kein klares Nein hörst, sondern ein Vielleicht wie eine Art Köder ausgeworfen wird und du an der Angel hängst.

Verliere deine Bedürfnisse nie aus den Augen. Oft steckt man in solchen Situationen viel Arbeit in die (wie man glaubt) sich anbahnende feste Beziehung. Je mehr Zeit und Energie investiert wurde, desto schwerer wird es, loszulassen. Man geht immer weitere Kompromisse ein, verliert seine eigenen Wünsche in dem Zuge immer stärker aus den Augen. Irgendwann gibt man neunzig Prozent und freut sich über die zehn Prozent der anderen Person, als seien es hundert.

Beobachte, ob sich dein Selbstwertgefühl in dieser Art Beziehung ändert. Höre in dich, ob dich der Kontakt oder besser gesagt der Nicht-Kontakt zur anderen Person in Stress versetzt. Schau, ob dich die Person verunsichert, vielleicht sogar so sehr, dass du an dir selbst angepasstes Verhalten beobachtest. Macht die andere Person dir leere Versprechungen, auf die keine Taten folgen? Wirst du oft warten gelassen? Setzt du dich sehr viel mehr ein als dieser Mensch? Gibt es eine gesunde Kommunikation über Fehler und Ängste? Traust du dich, diese Dinge anzusprechen? Schaust du unnatürlich oft auf dein Handy, wartest verzweifelt auf Nachrichten? Hast du Angst, zu nerven, bist gleichzeitig aber direkt abrufbereit, wenn er oder sie sich meldet?

All das sind Hinweise auf ungesundes Verhalten. Natürlich kann etwas davon auch mal vereinzelt auftreten, und für vieles gibt es gute Erklärungen, doch in manchen Fällen häufen sich diese Merkmale. Niemand ist beispielsweise jemals so sehr im Stress, dass es nicht noch für eine kurze Nachricht reicht. Erst recht niemand, der verliebt ist. Wenn du diese Dinge in deiner aktuellen Situation wiedererkennst, dann gibt es eigentlich nur eine Sache, die du tun kannst: Zieh einen Schlussstrich. Tu es für dich. Tu es für die glückliche Beziehung, die du verdienst. Tu es für die Liebe, die du dir selbst gegenüber empfindest.

Ich hoffe, dieses Kapitel hat dir dabei geholfen, die Beziehungen in deinem Leben zu reflektieren. Wir sollten das regelmäßig tun – in uns horchen und überlegen, wer uns guttut, und Gespräche mit denjenigen suchen, von denen wir das Gefühl haben, dass ihr Verhalten uns schadet. Lass die Menschen, die dein Leben bereichern, genau das wissen. Sag ihnen, was du an ihnen magst. Hol die Personen in deinen Alltag, die ihn farbenfroher machen, und ordne für dich ein, wovon du dich lieber lösen möchtest. Ob Familie oder Freundschaft, platonische oder romantische Liebe – Beziehungen sind immer Arbeit, aber mit Kommunikation ist es schöne Arbeit, mit der du dir ein Sicherheitsnetz in dieser turbulenten Welt bauen kannst.

Dein Körper ist dein Körper – du stellst die Regeln auf

Dein Körper gehört nur dir. Du bist die einzige Person, die die Regeln für ihn aufstellen sollte. Das fängt bereits im Kindesalter an: Wenn du jemanden nicht umarmen möchtest, solltest du nicht dazu gezwungen werden. Dasselbe gilt heute: Du hast das Recht, zu entscheiden, wann dich jemand anfasst, wo und wie. Du hast auch das Recht, jederzeit Nein zu sagen. Du hast das Recht, zu bestimmen, ob und wann du schwanger wirst oder nicht. Du hast das Recht, deine Sexualität zu leben, so wie du es möchtest (natürlich nur, wenn niemand dabei zu Schaden kommt und alles einvernehmlich ist). Du bist die einzige Person, die bestimmt, welchem Geschlecht du dich zugehörig fühlst. Du definierst dich. Dein Körper gehört dir.

Ich weiß, dass nicht alle das so sehen, dass es immer wieder Menschen gibt, die unsere Rechte einschränken wollen, die uns und unsere Körper kontrollieren möchten. Ich hoffe, wir kommen irgendwann an den Punkt, dass das oben Genannte für alle zur unumstößlichen Realität wird. Jeder Mensch verdient es, glücklich mit sich und seinem Körper zu sein. Ich wünsche dir so sehr, dass du dort hinkommst oder dort vielleicht sogar schon bist.

Geschlecht, Gender und wieso du dein Label bestimmst

In der Regel wird schon mit der Geburt über unsere Körper bestimmt. Ein Baby kommt zur Welt, und irgendjemand im Krankenhaus entscheidet anhand körperlicher Merkmale, ob es ein Junge oder Mädchen ist. Mittlerweile wird oft sogar noch eine Gender-Reveal-Party gefeiert, bei der dann irgendwelche rosafarbenen Luftballons in die Luft steigen oder eine Konfettikanone blauen Glitzer enthält. Das Problem dabei? Das Ganze drückt Menschen einen binären Stempel auf, der nicht die Realität widerspiegelt. Gender und das Geschlecht, dem wir bei der Geburt zugeordnet werden, sind nicht dasselbe. Die binäre Geschlechterordnung ist ein von uns geschaffenes Korsett – viele Menschen finden sich darin wieder. Es gibt jedoch auch etliche Menschen, die dieses starre, binäre Modell nicht repräsentiert. Ich habe im Buch schon einmal gesagt, dass Körper keinen Trends unterliegen sollten, Schönheitsideale es aber oft tun. Ich glaube, aus diesem Grund denken einige Menschen, dass es gerade ein Trend ist, trans zu sein. Aber trans zu sein ist keine Modeerscheinung. Es gab trans Menschen schon immer, genauso wie es nonbinäre oder auch homo-, pan-, bisexuelle und generell queere Menschen schon immer gab. Du bist kein Trend. Du bist du, und du bist genau so richtig, egal, was andere Menschen dir einreden wollen.

Menstruation

Ob cis oder trans, binär oder nonbinär – es gibt ein Thema rund um unseren Körper, das uns alle angeht, das aber dennoch ein Tabuthema ist: Menstruation. Als ich aufgewachsen bin, hat man es beinahe gemieden, dieses Wort auszusprechen. Nach Tampons hat man in der Schule peinlich berührt hinter vorgehaltener Hand gefragt, und generell wurde das Thema eher totgeschwiegen. In der Werbung für Binden wurde Blut bis 2021 ausschließlich als blaue Flüssigkeit dargestellt (das wird es teilweise immer noch, aber hey, wir nähern uns der Realität ein wenig an). Wer die Debatte rund um die Pinky Gloves – diese pinken Latexhandschuhe, die Männer erfunden haben, damit wir Menstruierenden unsere Tampons entsorgen können – mitbekommen hat, weiß: Menstruation haftet immer noch ein Stigma an. Sie wird als ekelhaft abgetan, als etwas, über das man entweder gar nicht oder eben nur flüsternd spricht.

Rede über deine Menstruation. Starte vielleicht nicht zwingend deinen Small-Talk damit, aber rede mit Freundinnen und Freunden. Nur so bauen wir Tabus und Stigmata ab. Habt ihr von Sally Ride gehört? Der Astronautin, die von der NASA gefragt wurde, ob ihr einhundert Tampons für die eine Woche Einsatz auf der ISS genügen? Bei der NASA sitzen echt kluge Menschen, die Nachfrage war nett gemeint – aber sie zeigt eben auch, wie viel Unwissen und Unsicherheit rund um unsere Menstruation nach wie vor besteht.

Ich habe kurzzeitig mal in einer reinen Männer-WG gewohnt: Es gab nicht einmal einen Mülleimer im Bad, geschweige denn Hygieneartikel. Für mich ein Novum, da meine männlichen Freunde immer bestens ausgerüstet waren – vielleicht bin ich da verwöhnt. Ich habe das Ganze angesprochen, und natürlich geschah nichts davon in böser Absicht, sondern weil keiner der drei in irgendeiner Form daran gedacht hatte. Wenn du selbst keine Menstruation kriegst und dieses Buch liest: Es gibt keine größeren Sympathiepunkte, als Tampons oder Binden parat zu haben, selbst wenn du diese nicht brauchst. Wenn du, wie ich, deine Tage kriegst: Du musst nicht hinter vorgehaltener Hand nach Hygieneprodukten fragen. Trau dich, darüber zu sprechen.

Doch natürlich gibt es nicht nur positive Reaktionen wie bei meiner WG oder aufrichtig nett gemeinte Verwirrung wie bei der NASA. Manchmal wird unsere Menstruation auch gegen uns verwendet. Hat man dich, wenn du bei etwas emotional und vielleicht wütend reagiert hast, auch schon einmal gefragt, ob du deine Tage hast? Falls ja, bist du damit bei Weitem nicht allein. Dabei sollte deine Laune niemals mit einem solchen Spruch abgetan werden. Nicht nur, weil diese Aussage eine Verletzung deiner Privatsphäre ist, sondern auch, weil uns legitime Gefühle und Meinungen dadurch abgesprochen werden, indem unser Gegenüber sie auf Hormone reduziert.

Ein weiteres, sich nach wie vor haltendes Klischee rund um unsere Periode sind übrigens die »Heißhungerattacken«. Fühl dich niemals schlecht für sie, sie existieren ohnehin nicht! Wusstest du, dass unser Körper während der Periode mehr Kalorien verbraucht? 100 bis 300 Kalorien mehr verbrennen wir während unserer Blutung. Wir *müssen* also mehr aufnehmen, um unseren Energiehaushalt zu halten, das ganze Gerede von Heißhungerattacken ist absoluter Quatsch und nichts als schädlich für unser Körperbild.

Nur wenn wir über unsere Tage sprechen, werden solche Mythen entkräftet. Nur dann findet Aufklärung statt. Nur wenn wir Menstruation thematisieren, können wir sexistische Klischees abbauen. Wir alle – ob wir nun unsere Tage bekommen oder nicht – sollten es normalisieren. Schon allein, weil ich persönlich platze, wenn ich noch einen weiteren Kommentar auf TikTok darüber lese, wie wir ja einfach »einhalten« können – oder eine Aussage von Politikern darüber, dass die Ausgabe kostenloser Tampons an Menstruierende dem Ausschank von Hochprozentigem an Alkoholiker gleichkäme. Periode sollte keinem Stigma mehr unterliegen. Aber ich habe wirklich Hoffnung, dass all das irgendwann der Vergangenheit angehört – wir haben es in der Hand. Die Luxussteuer auf Tampons beispielsweise wurde 2020 aufgehoben. So negativ und stigmatisiert manches auch noch sein mag: Wir machen Fortschritte.

Sex, kein Sex, deine Art von Sex

Genau wie Menstruation war Sexualität – besonders für Frauen – lange ein Tabuthema. Oft ist es das immer noch. Dabei ist es so, so wichtig, darüber zu sprechen. Es ist wichtig, um Scham abzubauen, wichtig, damit du lernst, was du magst und was nicht, wichtig, um nicht nur zu geben, sondern auch selbst zu genießen. Vielleicht ist das Thema für dich mit Scham behaftet, das ist okay. Vielleicht ist Sex generell auch gar kein Thema für dich, das ist genauso okay (dann spring einfach zum Kapitel »Du musst keinen Sex wollen«). Wenn du aber neugierig bist, dann freu ich mich, mit dir darüber zu reden, und fange direkt mit einem der wichtigsten Punkte an, der eigentlich klar sein sollte, es oft aber eben nicht ist.

KONSENS

Konsens im sexuellen Bereich bezeichnet das beiderseitige Einverständnis, also die einvernehmliche Zustimmung, Sex zu haben. Sex ohne Konsens ist kein Sex, sondern eine Vergewaltigung. Das Thema ist im Rahmen der MeToo-Bewegung hochgeschwappt, so sehr, dass einige Zeitungen titelten, dass es nun schriftliche Verträge vorm Sex geben müsste – das ist natürlich Quatsch. Wir haben bereits über Grenzen gesprochen, es gibt sie genauso beim

Sex: Deine Grenzen sind wertvoll und sollen geachtet werden. Genauso deine Wünsche. Du bist niemandem etwas schuldig, und niemand ist dir etwas schuldig. Nur weil dir jemand Getränke in der Bar ausgibt, heißt das nicht, dass du ihm oder ihr im Gegenzug etwas geben musst. Selbst wenn du eigentlich bereits Ja gesagt hast, heißt das nicht, dass du deine Meinung nicht ändern kannst. Kompromisse sind auch kein Konsens und ein Vielleicht ebenso wenig. Durch die ganzen Schlagzeilen ist das Wort Konsens leider richtig unsexy geworden, dabei kann eine einfache Frage wie »Gefällt dir das?« oder »Was wünschst du dir?« ebenfalls schon Konsens erfragen. Niemand erwartet von dir, dass du einen dreiseitigen Vertrag aufsetzt, ihn mit Füllfederhalter unterschreibst und sicherheitshalber vorab noch mal beim Notar vorbeischaust.

KOMMUNIZIERE DEINE VORLIEBEN

Hast du schon einmal von der Orgasm-Gap gehört? Sie beschreibt die Diskrepanz zwischen Orgasmen und bezieht sich vor allem darauf, dass heterosexuelle Frauen in Beziehungen wesentlich weniger Orgasmen haben als heterosexuelle Männer in Beziehungen. Ich will in diesem Kapitel nicht zu wissenschaftlich werden, aber ich glaube, es ist gut, sich diese Tatsache vor Augen zu führen. Während 39 Prozent der Frauen zum Beispiel angaben, immer einen Orgasmus zu haben, wenn sie sich selbst befriedigen, haben nur 6 Prozent derselben befragten Frauen einen Orgasmus beim Geschlechtsverkehr. Direkt vorweg: Es ist überhaupt nicht schlimm, keinen Orgasmus beim Sex zu haben. Sex ist so viel mehr als bloß der Höhepunkt. Es ist aber auffällig, dass Frauen so viel seltener beim Sex kommen als Männer – ich meine hier wie gesagt Beziehungen, in denen eine Frau mit einem Mann zusammen ist, denn in lesbischen bzw. pan- und bisexuellen Beziehungen zwischen Frauen sahen die Zahlen ganz anders aus. Bei den befragten heterosexuellen Männern hingegen gaben 95 Prozent an, beim Sex immer zum Höhepunkt zu kommen. Wenn man genauer darüber nachdenkt, sind die Zahlen nicht allzu überraschend, denn für viele ist der Sex dann vorbei, wenn der Mann gekommen ist – jahrelang war Sex gesellschaftlich etwas, das nur Männer zu wollen hatten, Frauen hingegen nicht. Der Fokus lag nie auf weiblicher Lust, sondern auf männlicher. Bis heute halten sich außerdem Bezeichnungen wie Schamlippen, während es männliche Äquivalente dazu nicht gibt. Zwar gibt es mittlerweile sogar Petitionen, das Wort aus dem Duden zu streichen und durch »Vulvalippen« zu ersetzen – durchgesetzt hat sich das Ganze aber noch nicht.

Auch in der (klassischen) Pornografie liegt eine klare Rollenverteilung vor – die Frau als gebende Person, der Mann als nehmende. Das liegt jedoch vor allem daran, dass pornografische Inhalte jahrelang primär für Männer produziert wurden. Das Problem dabei? Diese Darstellung von Sex war in der Regel auch die, mit der wir Frauen als Erstes konfrontiert wurden (von der Aufklärung durch Eltern und Schule mal abgesehen). Denn auch durch Filme, Serien und Werbung zieht sich diese Rollenverteilung: Die Männer grillen, die Frauen schmeißen den Haushalt, die Frauen rekeln sich auf Autos, die Männer fahren diese. Vor meiner alten Wohnung parkte regelmäßig der Wagen eines Umzugsunternehmens. Geworben hat es mit einer halb nackten Frau, die nicht umzieht, sondern gerade dabei ist, *sich* umzuziehen – natürlich freudestrahlend mit anscheinend perfektem Körper. In Film und Serie sind es auch meist die Männer, die beim Sex die Initiative ergreifen, die Frauen häufig diejenigen, die Kopfschmerzen vortäuschen, weil es einfacher und risikofreier ist, als ein Nein zu kommunizieren. Das schafft falsche Erwartungen – an unsere Partner:innen, an uns selbst und an das, was Sex und Sexualität ist und sein kann.

Sex ist so viel mehr als nur Penetration, als Perfektheit. Leider wird durch jegliche Art von Medien oft suggeriert, dass man durch bloße Penetration mal eben so kommen kann – dabei funktioniert das für sehr viele Menschen eben nicht. Wie aber findest du heraus, was du magst und was nicht? Denn um deine Vorlieben zu kommunizieren, musst du sie ja selbst erst einmal kennenlernen. Selbstbefriedigung ist ein schöner Weg, um herauszufinden, was dir gefällt und was nicht. Nimm dir Zeit für dich und deinen Körper und probier dich aus. Wenn da jemand ist, mit dem du Sex hast, dann teile auch dieser Person deine Vorlieben mit beziehungsweise dass du diese herausfinden möchtest. Mach das am besten aber nicht kurz vorm Geschehen, sondern in Ruhe an einem Ort, an dem du dich wohlfühlst und entspannt bist.

Der Gedanke an ein solches Gespräch fühlt sich womöglich gruselig an, aber ich bin noch nie auf jemanden getroffen, der es nicht gut fand, wenn man in dieser Hinsicht für sich einsteht. Achte beim Sex – ob mit dir selbst oder jemand anderem – darauf, was sich gut anfühlt, worauf dein Körper reagiert und zu welchen

Fantasien deine Gedanken wandern. Sei achtsam und entdecke, was dir gefällt.

So unangenehm der Gedanke, über Sex zu sprechen, auf dich vielleicht wirken mag: Kommunikation ist Gold wert. Denn wie soll dein Gegenüber wissen, was dir gefällt, wenn du es nicht sagst? Ob beim Lieblingsessen, den liebsten Blumen oder eben auch den Stellen, an denen du gern berührt wirst, gilt, dass Kommunikation dich deinen Wünschen näher bringt. Über Sex zu reden kann einander außerdem auch emotional näher bringen, immerhin bedeutet es, dass du der anderen Person vertraust.

DU MUSST KEINEN SEX WOLLEN

Wir haben jetzt viel über Sex gesprochen, aber vielleicht fühlst du dich von alldem gar nicht abgeholt: Das ist okay! Genauso, wie es normal ist, viel Sex zu wollen, ist es auch vollkommen in Ordnung, gar keinen Sex zu wollen. Asexuelle Menschen beispielsweise haben kein Verlangen nach Sex und vermissen dabei rein gar nichts. Laut wissenschaftlicher Schätzungen sind etwa ein Prozent aller Menschen asexuell – also gar nicht so wenig. Das Spektrum der Asexualität umfasst dabei in vielen Definitionen auch Demisexualität (sexuelle Anziehung erst bei tiefer emotionaler Bindung) und Grausexualität (sexuelle Anziehung nur in geringem Maße oder unter bestimmten Bedingungen), in manchen auch Fraysexualität (Anziehung gegenüber fremden Personen, die sich bei Kennenlernen verflüchtigt). Wie du siehst, ist das Spektrum supervielfältig. Ganz egal, ob du dich in diesem

Spektrum wiederfindest, ob du dich nicht mit Labels auseinandersetzen willst, du dir unsicher bist oder irgendwo zwischen all den Labels steckst: Du kennst deinen Körper und weißt, was sich gut anfühlt und was nicht. Du stellst deine eigenen Regeln auf, und diese sind genau die richtigen für dich.

Slutshaming

»Ausschnitt bis zum Bauchnabel«, »Mit dem Rock hat sie ja förmlich drum gebettelt«, »Wenn du einen Schlüssel hast, der jedes Schloss knackt, ist das ein Masterkey. Wenn du ein Schloss hast, in das jeder Schlüssel passt, hast du ein billiges Schloss« – kommen dir Sprüche dieser Art bekannt vor? Herzlich willkommen im Kapitel zum Thema Slutshaming. Slutshaming bezeichnet Diskriminierung anderer Menschen – in der Regel Frauen bzw. weiblich gelesener Personen – aufgrund ihres vermeintlichen oder tatsächlichen Sexualverhaltens oder aber auch Dingen wie dem Kleidungsstil. Ich wähle wieder einmal Taylor Swift als Beispiel: Sie ist eine großartige Musikerin, aber die Presse liebt nichts mehr, als über ihre Beziehungen zu mutmaßen und ihr Handwerk kleinzureden, indem sie ihre Lieder lediglich als Break-up-Songs betitelt und ihr vorwirft, zu viele romantische Beziehungen zu haben. Slutshaming ist auch, wenn du oder eine Klassenkameradin wegen eines knappen Outfits angegangen werdet oder aber eine Person wegen ihrer Sexualkontakte, Nacktfotos oder Ähnlichem abgewertet wird. Aktuell ist es online ein Trend, andere wegen ihres »Bodycounts« zu verurteilen – also wegen der Anzahl an Sexualkontakten, die eine Person hatte. Slutshaming ist ebenfalls, wenn ein Mann deinen Wert daran misst, ob du Jungfrau bist oder bereits Sex hattest. Slutshaming ist genauso, wenn einem Opfer sexueller Gewalt die Schuld gegeben wird, beispielsweise wegen eines angeblich provokativen Outfits oder aber einer Verhaltensweise.

Womöglich ist dir sogar selbst schon etwas in dieser Richtung widerfahren oder aber du hast es – bewusst oder unbewusst – selbst ausgeübt. Ich gehöre zu beiden Kategorien. Es ist mir selbst widerfahren, aber leider habe ich andere auch schon verurteilt. Warum? Weil wir in einer Gesellschaft aufwachsen, die andere Normen für Frauen hat als für Männer. Und weil ich diese in meiner Jugend übernommen habe, anstatt sie zu hinterfragen. Denn keine Person, egal ob männlich oder weiblich gelesen, hat einen geringeren Wert aufgrund ihrer Sexualkontakte. Egal, wie viel oder wenig Sex eine Person hat, egal, welche Art von Sex (Konsens vorausgesetzt natürlich) und auch egal, wie diese Person sich kleidet.

Slutshaming ist nicht nur furchtbar, weil es Menschen diffamiert, sondern auch, weil es eben gerade uns Frauen gegeneinander aufbringt. Einerseits spiegeln uns die Medien permanent, dass wir sexy und schön zu sein haben, aber wenn wir unsere Sexualität dann ausleben, ist es auch nicht richtig. Es ist eine schmale Gratwanderung im Patriarchat, und da wir alle natürlich angesehen sein wollen, versuchen wir uns an diesem Balanceakt. Das Problem? Wir sind dabei komplett von dem Urteil anderer abhängig – und eben nicht nur von dem Urteil von Männern, sondern auch dem anderer Frauen. Denn leider sind wir, verallgemeinert gesprochen, so erzogen, dass wir andere Frauen abwerten, damit wir zu den »Guten« gehören.

Mich hat Slutshaming dazu bewegt, meinen Debütroman *Breakaway* zu schreiben, weil ich es überall um mich herum gesehen habe und ich wütend war – vor allem, weil ich selbst es früher viel zu wenig hinterfragt habe: Kleiderregeln an unserer Schule, die für Mädchen galten, aber nicht für die Jungs, hinterhältige Kommentare und Sprüche. Ich hatte es satt. Vielleicht geht es dir ja genauso wie mir damals. Doch was kannst du dagegen tun?

- **REFLEKTIEREN:** Wir alle haben Sexismus verinnerlicht. Wie auch nicht? Wir sind Teil einer patriarchalen Gesellschaft und übernehmen Denkmuster von dieser. Das überhaupt zu erkennen ist großartig und der wichtigste Schritt! Mach dir bewusst, dass alle darunter leiden, wenn Frauen gegeneinander stehen. Du gewinnst rein gar nichts dabei, schlecht über eine andere Frau zu sprechen oder zu denken. Es ist sogar genau andersherum: Du schadest ihr und dir selbst. Mach dir bewusst, warum du urteilst – bzw. warum du verurteilt wirst. Es sagt nichts über die betroffene Person aus, rein gar nichts.

- **VERURTEILE NICHT:** Verurteile andere nicht für ihre Kleidung oder ihr sexuelles oder romantisches Verhalten. Verurteile aber auch dich selbst nicht für deine Gedanken.

Mit Denkmustern zu brechen ist Arbeit. Dass du bereit bist, diese zu leisten, ist toll! Ich habe vor Ewigkeiten mal einen Tumblr-Post gelesen, der, paraphrasiert, in etwa so ging: Dein erster Gedanke ist der von der Gesellschaft antrainierte, dein zweiter das, was du eigentlich denken willst. Wenn dir also jemand von seinen One-Night-Stands erzählt oder aber in einem besonders knappen Outfit feiern geht, verurteile weder diese Person noch dich, sollte dein erster Gedanke ein negativer sein. Hinterfrage diesen Gedanken vielmehr: Woher kommt er? Es berührt dich nicht im Geringsten, wie diese Person ihr Leben lebt. Es macht weder sie schlechter, so zu handeln, noch dich besser, sie negativ zu beurteilen. Mach dir bewusst, dass diese Urteile sozial konditioniert sind, und dann arbeite daran, dich anders zu konditionieren.

Wenn ich dir mit diesem Kapitel auch nur eine einzige Sache mitgeben kann, dann hoffentlich die: Vertraue auf dich und deinen Körper. Vertraue auf ihn ungeachtet aller Normen und Meinungen, die die Gesellschaft ihm gegenüber hat. Höre darauf, wenn er dir Nein sagt. Drücke dich über ihn aus, wie es sich für *dich* richtig anfühlt! Trage, was du möchtest, sei, wer du möchtest und tief in dir drin bereits bist. Authentizität erfordert unfassbar viel Mut, und leider gibt es immer noch Menschen, die versuchen, sie einzuschränken, aber wenn ich eines weiß, dann, dass du genau so absolut richtig bist.

»Du bist nicht wie die anderen Mädchen«,
ist etwas, was ich so oft gehört habe.
Immer war es als Kompliment gemeint,
immer habe ich mich gefreut. So wie ich
immer diese Magazine gekauft habe.

Aber wisst ihr was? Ich will wie die anderen
sein. Nicht wie die von Zeitschriften, Photoshop
und Instagram-Filtern erschaffenen Frauen.
Sondern wie die hinter all den Weichzeichnern.
Ich will wie meine Freundinnen sein.

FADEAWAY

Dream big, plan bigger

Ich liebe Pläne und Ziele. Gib mir eine Liste und kleine Checkboxen und ich bin happy. Vielleicht bist du ebenso sehr Fan davon wie ich, dann wirst du den nächsten Abschnitt lieben. Falls nicht, kannst du sicher einige Dinge für dich mitnehmen und andere einfach wieder fallen lassen. Nicht jeder Mensch tickt gleich. Sosehr ich Pläne im beruflichen Kontext liebe, brauche ich bei Reisen und in der Freizeit zum Beispiel Spontaneität. Es gibt nicht den *einen* Weg zum Ziel. Ich bin aber vollkommen überzeugt davon, dass man noch so viel Begeisterung oder Talent für etwas haben kann, noch so groß träumen kann – wenn man es dann nicht angeht, ist es zum Scheitern verurteilt.

Manifestieren – geht das wirklich?

Habt ihr schon mal vom Manifestieren gehört? Falls nein: Es lässt sich grob herunterbrechen auf das altbekannte Sprichwort: »Fake it till you make it.« Beim Manifestieren sollst du von Dingen sprechen und über sie denken, als seien sie schon Wirklichkeit. Du denkst und sagst dabei nicht: »Ich wünschte, ich hätte irgendwann mal meinen Traumjob«, sondern: »Ich bekomme/habe meinen Traumjob.« Auch nicht: »Ich würde mich gern verlieben«, sondern: »Ich verliebe mich.« Der Begriff fällt häufig zusammen mit dem »Gesetz der Anziehung«: Sendest du positive Energie ins Universum, kommt positive wieder zurück. Es gibt zahlreiche Videos mit Affirmationen auf YouTube, die du dir anhören und anhand derer du eigene Sätze formulieren kannst.

Wissenschaftlich nachgewiesen ist nichts davon, und ich persönlich stehe dem Manifestieren eher skeptisch gegenüber. Allerdings bin ich im Großen und Ganzen trotzdem Befürworterin der Bewegung. Warum? Weil es im Grunde auf dasselbe abzielt, was ich in den vorigen Kapiteln selbst gepredigt habe: Affirmationen und positive Gedanken, die mit negativen Denkmustern brechen. Das ist der Teil, den ich super an der Bewegung finde. Kritisch sehe ich, dass dabei so wenig vom Handeln gesprochen wird. Denn ohne geht's eben in den wenigsten Fällen – klar, vielleicht bietet dir jemand völlig willkürlich deinen Traumjob an, aber tausendmal eher erhältst du ihn, wenn du dich an Bewerbungen setzt und mit Menschen aus der Branche Kontakte knüpfst. Die positive Grundeinstellung, die das Manifestieren bringt, ist für mich eher die Kirsche auf der Torte, denn sie stärkt bei dem ganzen Prozedere dein Selbstbewusstsein. Ich lese auf Social Media oft Posts mit dem Fazit: »Manifestieren funktioniert!«, in denen begeistert von Ergebnissen erzählt wird – schaut man genauer hin, haben sich diese Menschen ihre Erfolge aber komplett selbst erarbeitet. Das Manifestieren hat ihnen vielmehr die nötige Kraft und das Vertrauen gegeben, ihre Pläne endlich anzugehen.

Was jedoch wissenschaftlich nachgewiesen ist – und was ein großer Bestandteil des Manifestierens ist –, ist die Tatsache, dass Menschen, die im Allgemeinen positiver sind, mehr Chancen in ihrem Leben nutzen. Wenn du also manifestierst: »Ich begeistere alle beim Bewerbungsgespräch und habe den Job!«, dann gehst du mit einer positiveren und selbstsicheren Haltung in das Gespräch und überzeugst ganz bestimmt eher von dir, als wenn du deinem Gegenüber voller Selbstzweifel begegnest.

Insofern bin ich persönlich beim Manifestieren kritische Befürworterin. Ja, manifestieren funktioniert, aber eben nicht von allein, und die Bewegung lässt in den meisten Fällen vollkommen außer Acht, dass wir Menschen alle unterschiedlich ins Leben starten: Unsere Finanzen, unser Elternhaus, unsere Hautfarbe, unsere Sexualität – all diese Dinge spielen eine Rolle dabei, wie wir wahrgenommen werden und welche Chancen wir erhalten. Gesellschaftliche Probleme wie Alltagsrassismus lassen sich nämlich – leider – nicht so einfach wegmanifestieren. Die positive Grundhaltung, die beim Manifestieren notwendig ist, die bringt uns jedoch allen etwas und lohnt sich zu üben.

Positive Affirmationen

- Ich bin genug.
- Ich akzeptiere und respektiere meine Grenzen.
- Ich bin nett zu mir selbst.
- Ich verdiene es, glücklich zu sein.
- Ich darf Nein sagen.
- Ich bin mutig und stark.
- Ich bewältige alle Hindernisse, die sich mir in den Weg stellen.
- Ich darf Pausen machen.
- Ich gebe mein Bestes. Es ist okay, wenn das jeden Tag ein wenig anders aussieht.
- Ich bin mir selbst eine gute Freundin.
- Ich erreiche meine Ziele.
- Ich darf Fehler machen und mir diese vergeben.
- Ich vertraue mir.

Disziplin ist wichtiger als Talent

Ein weiteres Konzept, dem ich skeptisch gegenüberstehe: Talent. Natürlich können manche Menschen besser singen als andere, größere Menschen haben vielleicht Vorteile beim Basketball im Vergleich zu kleineren Menschen – aber ist das Talent oder eher eine körperliche Voraussetzung? Ich kann kein bisschen malen. Erstklassige Strichmännchen, doch da hört es bereits auf. Ich habe aber Freundinnen, die hervorragend malen können und die sich dieses Handwerk hart erarbeitet haben. Ihr Können lediglich als Talent zu betiteln, klingt in meinen Ohren eher wie eine Herabwertung ihrer jahrelangen Arbeit, immerhin haben sie Stunden an Zeit, Energie und Weiterbildung in ihr Können gesteckt. Talent hingegen meint in der Regel eine natürliche Begabung. Doch wie viele der Menschen, die wir bewundern, haben wirklich (ausschließlich) Talent? Bei wie vielen sehen wir nicht eher das Produkt von Disziplin, harter Arbeit und Hingabe?

Tatsächlich gibt es wissenschaftliche Anhaltspunkte für epigenetische Vererbungen – das Vererben von Talenten und Vorlieben über Generationen hinweg. Es kann also sehr gut sein, dass es Talente gibt und du mit einem gewissen Vorsprung in einem Bereich, beispielsweise dem Zeichnen, startest. Allerdings bringt Talent ohne Handeln rein gar nichts, genau wie beim Manifestieren. Der musikalisch talentierteste Mensch könnte direkt neben dir im Unterricht sitzen, wenn er sich nie auf eine Bühne traut, wirst du es nie erfahren, wenn er nie ein Instrument berührt und übt, wird die Person, die talentlos jeden Tag zur Gitarre greift, handwerklich immer überlegen sein.

Lass dich also nicht entmutigen, wenn du glaubst, kein Talent zu haben. Ja, mit Sicherheit gibt es Menschen, die talentierter sind als du, die vielleicht musikalisch veranlagt sind, denen Sprachen leichter zufliegen oder die einfach so großartig singen können. Aber Talent ist nicht gleich Können. Und Disziplin und Durchhaltevermögen sind nicht weniger wert als Talent, im Gegenteil. Vielleicht gibt es jemanden, den du wirklich bewunderst: eine:n Illustrator:in, Musiker:in, eine:n Breakdancer:in, ganz egal, wen. Schau dir die Anfänge dieser Person an – mit Sicherheit wirst du Unterschiede feststellen. Vielleicht waren da noch keine Schattierungen in den Zeichnungen, die Bewegungen beim Tanzen noch ungelenker. Du darfst deine Anfänge nicht mit jahrelanger Praxis vergleichen und diese jahrelange Praxis dann als Talent betiteln, denn das demotiviert, überhaupt mit etwas anzufangen.

Wenn du etwas lernen oder können willst, dann übe. Übe, egal ob du denkst, dass du Talent hast oder nicht. Dass es Spaß macht und du es können willst, ist Grund genug, es zu tun. Ob es nun ein Hobby ist oder etwas, was du beruflich ausüben möchtest.

Was ich mit diesem Abschnitt sagen will: Talent ist nicht alles, und nicht alles, was du siehst und bewunderst, ist Talent. Jemand, der von klein auf in Mathe gefördert wurde, vielleicht schon als Kind Logikspiele gespielt hat, hat natürlich einen Vorteil in Zahlen und logischem Denken – aber das heißt nicht, dass du die Lücken, die du eventuell hast, nicht auffüllen kannst. Nehmen wir Taylor Swift: Ich bin riesiger Swiftie, liebe ihre Musik, ihre Lyrics –

aber ist sie rein stimmlich gesehen die beste Sängerin? Nein. Und es ist egal. Sie ist die erfolgreichste Sängerin der Welt. Durch ihr Handwerk, ihr Storytelling, ihre Disziplin und die Weiterentwicklung, die man im Verlauf ihrer Alben auch hört.

Das nächste Mal, wenn du also etwas siehst und denkst: »Ich hätte auch gern dieses Talent«, frag die Person vielleicht einfach, wie sie es geschafft hat, so gut zu werden. Ich wette, niemand wird dir antworten: »Oh, ich war schon immer so großartig, da kann ich dir keinen Tipp geben.« Lass dich nicht entmutigen, es gibt einen Weg, der dich zu deinen Träumen führt, er ist nur manchmal anstrengender, als du es dir wünschst.

Mit Plänen zum Erfolg

Wenn du deine Ziele nicht planst, sind sie immer nur Wünsche, nie erfüllte Träume.

Das war jetzt alles etwas theoretisch, aber wie planst du nun richtig? Welche Schritte führen dich wirklich dahin, wo du am Ende sein möchtest? Denn ohne Pläne und konkrete

Schritte wirst du nur schwer ans Ziel gelangen, sondern dein Traum wird ein entfernter Wunsch bleiben. Es gibt verschiedene Dinge, die beim Planen wichtig sind: Zeitmanagement gehört ebenso dazu wie das Definieren von Prioritäten. Wenn du ein Ziel vor Augen hast – sei es das Schreiben eines Buchs oder die Teilnahme an einem Halbmarathon –, dann sollte es nicht bloß lauten: »Buch schreiben«, oder: »Halbmarathon laufen.« Brich dein Endresultat in kleinere Schritte runter. Bei einem Halbmarathon kannst du dir beispielsweise Etappen vornehmen: Wenn du die Fünf-Kilometer-Marke das erste Mal schaffst, dann solltest du das ebenfalls zelebrieren. Ein Ziel kann auch sein, zweimal die Woche zu trainieren – ganz ohne Angabe der Kilometerzahl. Es ist wichtig, nicht nur das große Endergebnis vor Augen zu haben, sondern all die kleinen Schritte, die dorthin führen. Somit wirken die einzelnen Hürden bis zu unserem Traum überwindbarer. Mach dir, je nachdem, was dein Traum ist, einen Wochen-, Monats- und Jahresplan. Wenn du beispielsweise ein Buch schreiben möchtest, dann schau, welche Schritte dafür notwendig sind. Wenn dein Buch 400 Seiten, also etwa 100.000 Wörter haben soll, dann rechne dir aus, was für dich logisch pro Tag oder Woche schaffbar ist, um diese Marke zu erreichen. Erstelle dir einen realistischen Plan (mit Pausen!). Brich das Schreiben in Schritte herunter: Vielleicht willst du erst über die Handlung des Buchs nachdenken, eine Routine entwickeln – all das sind kleine Schritte, die du sehr viel einfacher angehen kannst als dieses große, übermächtig wirkende Ziel am Ende der ganzen Arbeit.

Hilfreich beim Formulieren von Zielen ist die SMART-Methode:

S = Specific / spezifisch
M = Measureable / messbar
A = Achievable / erreichbar
R = Realistic / realistisch
T = Time framed / Zeitrahmen

Was heißt das genau?
Bleiben wir einmal beim Beispiel mit dem Buch:

S = Ich möchte einen Jugend-Fantasyroman über Drachen schreiben.

M = Mein Roman soll 400 Seiten, also etwa 100.000 Wörter, umfassen.

A = Ich will mir jedes Wochenende vier Stunden Zeit zum Schreiben nehmen.

R = Ich will jede Woche 2.000 Wörter schreiben.

T = Ich möchte mein Ziel bis zum Datum XY erreichen.

Das ist natürlich nur ein Beispiel, das du individuell für deinen Plan anpassen kannst. Jede Woche 2.000 Wörter zu schreiben und dir ein paar Stunden dafür freizuschaufeln klingt jedoch wesentlich machbarer, als dir nur das eine große Ziel eines fertigen Romans vor Augen zu halten.

Dir ein konkretes Datum zu setzen ist wichtig – ob an der Uni, im Job oder bei Hobbys: Deadlines helfen. Vielleicht findest du ja sogar jemanden, der ein ähnliches Ziel verfolgt, und ihr könnt euch eine gemeinsame Deadline setzen. Ich persönlich finde das super, da man sich so Updates geben und einander motivieren kann.

Wenn du deine Pläne realistisch in kleinen Schritten notiert hast, mach dir außerdem Gedanken zu folgenden Fragen:

- **Welche materiellen Gegenstände benötigst du noch für deinen Traum?** Beim Laufen wäre das logischerweise die Sportkleidung, vielleicht aber auch eine App, die dir beim Tracken deiner Erfolge hilft. Beim Schreiben ein Laptop und eventuell ein Schreibprogramm.

- **Welche Fähigkeiten musst du erlernen, um an dein Ziel zu gelangen?** Wenn du ein Buch schreiben willst, dann magst du dich vielleicht erst einmal mit dem Thema Plotten beschäftigen: Wie strukturierst du eine Geschichte, wie entwickelst du spannende Charaktere? Beim Laufen ist es hilfreich, dich mit der richtigen Technik, Dehnungen und Atmung auseinanderzusetzen, um dich nicht zu verletzen.

- **Welche Zwischenziele könntest du dir setzen?** Wie eben bei der SMART-Methode bereits erklärt, ist es hilfreich, dir das Ziel in kleine Etappen mit Zwischenzielen herunterzubrechen. Doch nicht nur, damit es nicht ganz so gruselig wird, auch damit du schneller Erfolgserlebnisse erzielst. Feiere deine Zwischenziele als das, was sie sind: erreichte Ziele!

Wenn du es zum ersten Mal schaffst, dreißig Minuten am Stück zu laufen, dann solltest du das zelebrieren! Ebenso, wenn du die ersten Kapitel deines Romans geschrieben oder dich an eine besonders emotionale Szene getraut hast. Lerne, den Prozess genauso zu genießen wie das Erreichen deines Ziels – vielleicht sogar noch mehr.

Hast du Pufferzeiten eingeplant? So wichtig Deadlines sind – Pausen sind es auch. Nicht nur das, vielleicht bist du krank und kannst dein Ziel eine Weile lang nicht verfolgen. Plane auch diese Eventualitäten mit ein. Das ist wichtig, damit du dich nicht entmutigen lässt, wenn du beispielsweise durch eine Erkältung im Zeitplan zurückfällst. Gutes Zeitmanagement denkt solche Fälle direkt mit. So kannst du nach dem Ausfall oder nach der Pause voller Energie da weitermachen, wo du aufgehört hast.

Zehn Tipps, um deine neue Routine zu entwickeln

Eine Sache, die bereits anklang, die aber ganz wichtig beim Erreichen von Zielen ist: Routine.

Routine bedeutet eine regelmäßige, sich wiederholende Abfolge von Handlungen – wenn wir bei den obigen Beispielen bleiben, hieße das: Jeden dritten Tag joggen gehen oder aber jeden

Samstag von acht bis zwölf schreiben. Wir alle haben Routinen, und wenn es nur der morgendliche Gang zur Kaffeemaschine ist oder unsere Lieblingsserie am Abend. Eine Routine ist großartig, weil sie eine Handlung ist, die dir bereits in Fleisch und Blut übergegangen ist und über die du nicht nachdenken musst. Somit entsteht beim Ausführen der Handlung kein Stress für dich, da du keine aktive Entscheidung treffen musst: Du machst einfach. Man ist sich in der Forschung nicht ganz einig, wie lange es dauert, eine Routine zu entwickeln – manche Wissenschaftler:innen sprechen von einundzwanzig Tagen, andere von über zweihundert. Das *European Journal of Social Psychology* hat eine Studie veröffentlicht, die den Durchschnitt bei sechsundsechzig Tagen gefunden zu haben glaubt. Gehen wir mal von diesem Durchschnitt aus, brauchst du nur knapp über zwei Monate, um eine Handlung in einer Routine zu festigen. Zwei Monate regelmäßig schreiben, Sport machen, eine Sprache oder ein Instrument üben oder auch einfach nur genug Wasser trinken. Das klingt machbar, oder? Doch wie baust du so eine Routine überhaupt auf?

1. Klare Formulierungen

Viele Menschen fassen den Neujahrsvorsatz, mehr Sport zu treiben. Die meisten lassen ihn wieder fallen. Kein Wunder, denn was bedeutet »mehr Sport« schon? Ich hab mir das selbst so oft vorgenommen, war dann ein paarmal laufen und hab es spätestens ab Februar wieder aus den Augen verloren. Weil es eben kein klares Ziel ist. Wenn du sportlicher werden und dir eine Routine aufbauen willst, dann nutze die eben genannte SMART-Methode, um ein klares Ziel zu definieren.

Was ein klares Ziel nicht ist: »Ich mach ab jetzt Sport und werde fit!«

Was ein klares Ziel ist: »Ich gehe ab jetzt immer mittwochs und freitags von 17 bis 19 Uhr mit Anna ins Fitnessstudio.« Oder: »Ich mache jetzt jeden Morgen noch vor dem Frühstück eine halbe Stunde Yoga.«

Wie du siehst, sind die klaren Ziele konkret formuliert, was ihre Ausführung, aber auch den zeitlichen Rahmen angeht. Trag dir deine Routine, vor allem zu Beginn, als festes To-do ein. Achte dabei darauf, dass sie sich nicht wie eine Belastung, sondern eine Bereicherung anfühlt – zugegeben, beim Sport nicht immer so einfach, deshalb such dir etwas, was dir Freude bereitet, und hol eventuell eine Person dazu. Ich mag Gruppensport wie Tanzen zum Beispiel viel lieber als allein ins Fitnessstudio zu gehen. Joggen mit Musik auf den Ohren mache ich lieber als Ballsport. Idealerweise ist deine Routine ohnehin etwas, was du wirklich machen möchtest (Gitarre lernen, ein Buch schreiben, für den Halbmarathon trainieren, täglich Italienisch üben), dennoch heißt das nicht, dass die einzelnen Schritte immer Spaß machen. Deshalb sind diese klaren, konkret abgesteckten Ziele so wichtig, denn an diese hältst du dich eher.

2.
Priorität(en)

In *The ONE Thing* von Gary W. Keller und Jay Papasan argumentieren die Autoren dafür, wie wichtig Priorisierung ist. Wenn wir von Prioritäten sprechen, dann benutzen wir meist den Plural und haben eine ganze Liste an Dingen, die uns wichtig sind. Das Buch betont, dass wir uns aber nicht gleichberechtigt um unsere fünfzehn Prioritäten kümmern sollen, sondern diese *eine* Priorität für uns definieren müssen, die *eine* Sache, auf die alle anderen erst folgen. Die eine Sache, der wir alle anderen unterordnen. Wenn du also einen Halbmarathon laufen willst, dann wird das Lauftraining deine eine Sache (von Verpflichtungen wie Schule, Uni oder Arbeit abgesehen natürlich), wenn du dein Buch in den Händen halten willst, dann ist regelmäßiges Schreiben deine Priorität. Ich selbst bin jemand, der am liebsten zwanzig Dinge gleichzeitig tun und erreichen würde. Ich fange etliche neue Projekte an und entdecke ständig neue Hobbys. Das Priorisieren ist für mich deshalb unfassbar wichtig! Das war es auch beim Schreiben, da ich Hunderte Buchanfänge hatte und nie vorankam, weil bereits die nächste Idee angeklopft hat und meine Aufmerksamkeit wollte. Genau das ist auch Argument des Buchs *The ONE Thing*: Routinen sind großartig, aber wenn du hundert verschiedene hast, die du angehen willst, dann bist du irgendwann überfordert und gestresst – und wirst außerdem in all diesen Dingen ein klein bisschen besser, aber eben in keinem einzigen so *richtig* gut. Wenn du dich auf deine eine Sache konzentrierst, dann – so die Autoren – erlebst du irgendwann einen Dominoeffekt. Du wirst gut in einer Sache, die Routine ist dir in Fleisch und Blut übergegangen und ermöglicht dir andere Dinge. Für mich hat es beim Schreiben genauso funktioniert: Schreiben neben meiner Arbeit war meine Routine, nun ist Schreiben mein Job und ermöglicht mir, mich zusätzlich anderen Dingen zuzuwenden. Prioritäten sind unfassbar wichtig, wenn du vorankommen willst.

3.
Schrittweise Veränderung

Kennst du das, wenn du am liebsten in allem, was du neu beginnst, direkt großartig sein willst? Vergiss das. Auch bei Routinen. Sonst nimmst du dir ganz schnell den Spaß. Gehe einen Schritt nach dem anderen. Wir haben gerade über das Priorisieren gesprochen, also wende das Gelernte auch hier an: Was ist die eine Sache, die du angehen willst? Gewöhne dir diese erst als Routine an, bevor du mit der nächsten loslegst. Konzentriere dich auf ein Vorhaben, und wenn du dieses gemeistert hast, dann auf das nächste. Es gibt zahlreiche Studien, die belegen, dass unser Gehirn mehr Zeit benötigt, wenn es zwischen Tasks hin und her wechseln muss (insbesondere, wenn es um komplexe Aufgaben geht, bei denen Multitasking schlichtweg nicht möglich ist). Darüber hinaus löst Multitasking in uns Stress aus und schwächt, wie eine Studie 2020 gezeigt hat, sogar unser Gedächtnis. Es reißt uns aus dem Flow und hat wesentlich mehr negative als positive Effekte. Auch beim Entwickeln von Routinen gilt: Weniger ist mehr. Und weniger Ablenkung führt zu mehr Fokus und somit zu einer effektiveren Routine.

Multitasking und ADHS

Ich möchte an dieser Stelle kurz darauf hinweisen, dass jeder Kopf anders funktioniert. Menschen mit ADHS sind beispielsweise eher in der Lage dazu, Multitasking auszuüben! Wie bei allen Themen in diesem Buch gilt: Du kennst dich am besten. Wenn du die einzelnen Punkte ausprobierst und feststellst, dass etwas davon nicht gilt, dann passe sie für dich an!

4. Flexibilität

Bei Routinen sind feste Zeiten superhilfreich. Wenn du jeden Morgen nach dem Aufstehen eine halbe Stunde schreibst, dann geht es dir irgendwann ganz leicht von der Hand, und du musst gar nicht mehr darüber nachdenken, wann du die Zeit findest: Du nimmst sie dir einfach, weil sie bereits fest in deinen Alltag integriert ist. Doch genauso wichtig ist es, nicht zu festgefahren in seinen Routinen zu sein. Zum einen werfen Kleinigkeiten wie Termine sie dann vollkommen über den Haufen, zum anderen nimmst du dir so jeden Raum für Spontaneität. Wenn deine Routine sich nicht wie gewohnt umsetzen lässt, wenn du früh morgens beispielsweise zum Arzt musst, dann heißt das nicht, dass du die Routine für diesen Tag über Bord werfen musst. Du kannst ein neues Zeitfenster finden oder nur zehn statt dreißig Minuten schreiben. Lieber schreibst du jeden Tag zehn Wörter statt alle paar Tage tausend, lieber machst du jeden Tag einen Liegestütz, als alle paar Tage zwanzig – bei Routinen ist Kontinuität das A und O. Es muss nicht perfekt sein, sondern regelmäßig. Wenn du aber trotzdem mal einen Tag ausfallen lassen musst, ist das natürlich nicht schlimm.

5. Pausen einplanen

Ja, ich rede *schon wieder* über Pausen, denn auch bei Routinen sind sie wichtig. Sosehr diese dir nämlich helfen, deine Ziele zu erreichen, sie müssen dir auch Raum für Ruhe lassen. Routinen sollen dir helfen, jedoch nicht dein gesamtes Leben produktiver gestalten und dich ausgebrannt zurücklassen. Wenn du das Gefühl hast, keine Zeit für Pausen zu haben, dann ist das ein ganz deutliches Zeichen dafür, dass du unbedingt eine machen solltest. Ich wünschte, ich hätte das früher beherzigt, es hätte mir so einiges erspart. Vielleicht kennst du das Gefühl, dass du Angst hast, Pausen zu machen, weil du Angst hast, in der Zeit zurückzufallen. Weil du sowieso nicht abschalten kannst, da sich dein schlechtes Gewissen direkt meldet und du an die Berge von Arbeit denkst. Mach trotzdem Pausen. Mein produktivstes Jahr war das letzte. Ich habe so viele Bücher geschrieben wie nie zuvor, habe nebenher gearbeitet, coole Projekte umgesetzt – und war nicht gestresst, weil ich auch so viele Pausen gemacht habe wie nie zuvor. Die Ruhephasen haben mich nicht aufgehalten, ganz im Gegenteil: Ich war die restliche Zeit über viel konzentrierter und habe mehr geschafft, und das ohne Deadline-Panik. Es zerstört deine Routine und Produktivität nicht, wenn du auf dich achtgibst, es hilft sogar.

6. Motivationsbooster

Es wird Tage geben, an denen du absolut keine Lust auf deine Routine hast. Kein Mensch ist immer motiviert, zumindest habe ich noch keinen getroffen. Für diese Tage ist es hilfreich, Motivationsbooster zu haben. Ein bereits erwähnter Motivationsbooster kann dein Moodboard sein. Schau es dir an, wenn du gerade einen Durchhänger hast. Jeder noch so kleine Schritt führt dich näher zu dem, was du darauf visualisiert hast. Ein weiterer Motivationsbooster könnte eine andere Person sein, die dich motiviert. Vielleicht jemand aus deinem Freundeskreis, der ebenfalls an seiner Routine arbeitet: Gebt euch Halt und zieht einander ein Stück mit, wenn es gerade schwerfällt. Hör einen motivierenden Song oder eine motivierende Rede, versprich dir selbst eine Belohnung, wenn du deine Routine vollzogen hast. Überrede dich dazu, dich mindestens fünf Minuten hinzusetzen. Wenn du dann immer noch nicht magst, ist das okay, denn du hast es versucht! Vielleicht ist die Hürde damit aber auch bereits überwunden, und es fließt wieder wie von selbst.

7.
Mach es dir so leicht wie möglich

Wenn du die morgendliche Joggingrunde etablieren willst, leg dir deine Kleidung bereits parat. Wenn du morgens schreiben willst, dann richte dir den Schreibtisch dafür schon am Abend zuvor ein. Mach es dir so einfach wie möglich, deine Routine zu starten. Es sollte dich kaum Zeit kosten, loszulegen. Du kennst das sicher vom Sport: Wenn du erst mal eine halbe Stunde mit der S-Bahn zum Fitnessstudio fahren musst, dann ist die Hürde sehr viel größer als wenn du einen Fußweg von drei Minuten hast. Dasselbe gilt für alle Routinen: Dein direktes Umfeld sollte es dir so leicht wie möglich machen, die Routine zu starten. Ich zum Beispiel kann nicht schreiben, wenn mein Schreibtisch unordentlich ist. Unordnung lenkt mich ab, weil sich mein ganzer Kopf dann ebenfalls chaotisch anfühlt. Wenn ich Feierabend mache, räume ich also alle Tassen und Gläser weg, Notizzettel und Stifte verschwinden, bis die Tischplatte wieder sauber und frei ist, sodass ich am nächsten Morgen direkt loslegen kann.

8.
Alte Routinen mit neuen verbinden

Es kann auch helfen, alte Routinen für neue zu nutzen und diese zu verbinden. James Clear, Autor von *Atomic Habits* bzw. *Die 1%-Methode*, bezeichnet das als Habit-Stacking, also zu Deutsch: das Stapeln von Gewohnheiten. Wenn du beispielsweise bereits die Routine hast, dir morgens an der Kaffeemaschine etwas zuzubereiten, dann verknüpfe diese Routine direkt mit dem Schreiben oder dem Lernen einer neuen Sprache. Mach dir deinen Kaffee, setz dich an die Routine und erledige diese bewusst. Wenn du jeden Freitag den Wochenendeinkauf tätigst, dann geh zwischen Arbeit und Einkaufen zum Sport, unterwegs bist du ohnehin schon. Wenn du mehr Wasser trinken willst, dann verbinde das direkt mit der Gewohnheit, Kaffee zu trinken. Zu jedem Kaffee ein bis zwei Gläser Wasser. Schon geht dir die neue Routine leichter von der Hand.

9. Trigger setzen

Du kannst dir die Trigger ein wenig wie das gerade angesprochene Habit-Stacking vorstellen. Trigger werden heute in der Regel mit etwas Negativem verbunden, dabei bedeutet es im Prinzip, dass etwas ein Gefühl oder eine Handlung in dir auslöst, diese also triggert – das kann jedoch auch etwas Positives sein. Diese positive Art von Trigger ist hier gemeint. Du kannst dir Trigger zu deinen Routinen überlegen: einen Song zum Beispiel, der deinen Sport einleitet, oder die Tasse Tee, die deine Meditation begleitet. Eine Freundin von mir riecht immer an einem ätherischen Öl, bevor sie zu schreiben beginnt. Sobald sie den Geruch in der Nase hat, ist ihr komplettes Mindset aufs Schreiben gerichtet. Wir Menschen sind Gewohnheitstiere, und so kannst du dich selbst überlisten und deinen Fokus auf deine Routine richten.

10.
Tracke deine Gewohnheiten

Ein Habit-Tracker kann dir helfen, deine Routinen und Gewohnheiten festzuhalten. Du kannst dir einen für tägliche Routinen und einen für wöchentliche machen. So hast du deine Fortschritte visuell vor dir – auch bei Dingen, bei denen man den Fortschritt womöglich nicht sieht, wie beispielsweise ausreichend trinken. Ich liebe Listen, aber ich liebe sie vor allem auch deshalb, weil ich am Ende ein Häkchen an die jeweilige Aufgabe setzen und somit sehen kann, was ich geschafft habe. Gerade absolviere ich eine Yoga-Challenge und habe mir dafür eine Liste gemalt, in die ich nach jedem geschafften Tag ein Kreuzchen machen kann. So habe ich das Ganze vor Augen und sehe, was ich schon erreicht habe. Andersherum kann dir der Habit-Tracker helfen, herauszufinden, warum etwas nicht klappt. Wenn du beispielsweise immer freitags eine Routine schleifen lässt, dann ist der Tag vielleicht einfach nicht geeignet dafür. Wenn du während deiner Periode keinen Sport machst, dann liegt das nicht daran, dass du die Gewohnheit nicht verinnerlicht hast, sondern vermutlich daran, dass dein Körper an diesen Tagen keinen Sport braucht, sondern Ruhe.

Habit-Tracker

Notiere links die Gewohnheiten, die du verinnerlichen möchtest. Mache immer dann ein Kreuz, wenn du sie an dem Tag umgesetzt hast. So kannst du zum einen sehen, wie weit du vorankommst, zum anderen herausfinden, welche Gewohnheiten sich nicht täglich umsetzen lassen.

	Mo	Di	Mi	Do	Fr	Sa	So
....							
....							
....							
....							
....							
....							
....							
....							
....							

Der Weg ist das Ziel oder wie du lernst, den Prozess zu genießen

Du kennst sicher den Spruch »Der Weg ist das Ziel«, oder? Mein Mantra war sehr, sehr lange »Das Ziel ist das Ziel«. Habe ich meine Ziele so erreicht? Ja. War ich glücklich, als ich sie endlich erreicht habe? Nope. Kein Wunder, denn überleg mal, wie viel Zeit du damit verbringst, auf dein Ziel hinzuarbeiten, und wie wenig letzten Endes mit deinem erreichten Ziel (zumindest in den meisten Fällen).

Ich nehme mal wieder das Beispiel mit dem Schreiben eines Buchs, einfach, weil es bei mir naheliegend ist und sich gut auf andere Arbeiten übertragen lässt. Wenn ich immer nur auf das fertige Buch hinarbeite, mich nach diesem einen Moment sehne, es in der Hand zu halten, ohne die tägliche Arbeit zu genießen, dann habe ich sehr, sehr wenig davon. In meinem Fall damals sogar gar nichts. Denn als ich das Buch dann in der Hand hielt, schrieb ich ja schon längst am nächsten. Ich habe diesen Moment, auf den ich so lange hingearbeitet habe, in den ich so viele meiner Träume und Hoffnungen gelegt habe, gar nicht wirklich genießen können.

Vielleicht waren meine Erwartungen zu hoch, ein bisschen wie wenn man erwartet, dass die Silvesterparty die beste des Jahres werden *muss*. Ziemlich sicher aber hatte es damit zu tun, dass ich überhaupt nicht in der Lage war, mich auf den eigentlichen Prozess des Schreibens zu fokussieren. Ich habe komplett in der

Zukunft gelebt – eben auch in dem Moment, in dem ich das Buch dann in den Händen hatte.

Mittlerweile genieße ich es total, ein fertiges Buch in der Hand zu halten. Es ist ein tolles Gefühl. Aber es ist nicht weniger toll, dass ich mich jeden Morgen an den Schreibtisch setzen und neue Geschichten schreiben kann. Wir verbringen so viel Zeit damit, auf unser Ziel hinzuarbeiten, dass es absolut traurig wäre, den Weg nicht ebenfalls lieben zu lernen. Bei dem Beispiel mit dem Halbmarathon ist es genauso: So toll es ist, diesen zu laufen, das tägliche Training sollte uns ebenfalls Freude bereiten. Wenn wir wandern gehen, genießen wir in der Regel ja auch nicht bloß das Ende und den großartigen Ausblick, sondern zusätzlich all die Dinge und Sehenswürdigkeiten, die uns unterwegs begegnen.

Den Prozess zu genießen hat ganz viel mit Achtsamkeit und dem Leben im Moment zu tun. Es klingt so einfach, das Leben im Jetzt, immerhin tun wir es ja. Aber leider sind wir mit den Gedanken meist schon in der Zukunft. Vielleicht kennst du das auch – kein Wunder, denn es gibt immer Hausaufgaben für die nächste Stunde zu erledigen oder eine Klausur, die bevorsteht, eine nahende Deadline. Aber es gibt ein paar Tricks, die du anwenden kannst, um dich im Hier und Jetzt zu verankern und nicht nur auf das Ziel zu achten:

- **MEDITIERE.** Es gibt ganz tolle geführte Meditationen bei YouTube, Spotify oder in diversen Apps. Sie helfen dir dabei, deine Gedanken zur Ruhe zu bringen und dich auf deine Atmung zu fokussieren. Ich meditiere selbst noch nicht lang, weil ich immer dachte, dass es mir nicht liegt, aber ich kann es nur empfehlen. Du musst dafür nicht stundenlang stillsitzen, aber eine kurze Meditation, gerade in stressigen Phasen, hilft total dabei, wieder bei dir anzukommen.

- **LASS DAS HANDY MAL WEG.** Wenn du mit Freund:innen unterwegs bist, lass das Handy mal in der Tasche, statt es auf den Tisch im Café zu legen, fokussiere dich auf den Moment mit deinen Lieben und aufs Zuhören. Versuche, selbst dann nicht zum Handy zu greifen, wenn deine Begleitung gerade auf Toilette ist oder du noch auf sie wartest. Schau stattdessen aus dem Fenster und konzentrier dich ganz auf dich und deine Gedanken.

- **FÜHRE EIN JOURNAL.** Dass es hilft, Dinge zu notieren, für die du dankbar bist, hab ich schon erwähnt, aber Journaling geht noch weiter. Schreib einfach mal ungefiltert alles auf. All deine Gedanken, die du gerade hast. Hast du schon mal von den sogenannten Morgenseiten gehört? Julia Cameron gibt in ihrem Buch *Der Weg des Künstlers* eine Anleitung dazu. Es geht bei den Morgenseiten darum, direkt nach dem Aufstehen drei A4-Seiten per Hand zu schreiben. Dabei ist es ganz egal, was dir in den Sinn kommt oder wie banal dir die Worte erscheinen: Schreib alles auf. Wie nervig die Uni gerade ist, dass du total müde bist, was du geträumt hast, ganz egal. Du kannst diese Morgenseiten nicht falsch machen, auch Grammatik und Zeichensetzung sind komplett egal, du musst diese Seiten niemals jemandem zeigen. Es ist auch nicht schlimm, wenn die Gedanken negativ sind. Achtsamkeit und Im-Moment-Leben heißt nicht, sich nur mit Positivem zu beschäftigen. Julia Cameron geht es bei den Morgenseiten vor allem darum, das eigene kreative Potenzial zu erschließen, ich glaube aber, dass sie jedem helfen können – ob Künstler:in oder nicht. Denn wenn sich Dinge bei deinen Morgenseiten häufen, du dich beispielsweise regelmäßig gleich morgens über etwas beklagst, dann kann das ein Hinweis für dich sein, an dieser Sache etwas zu ändern. Probier es einfach mal eine Weile aus und schau, was es mit dir macht.

NIMM DEINE UMGEBUNG UND DICH WAHR. Eine tolle Achtsamkeitsübung ist die 5-4-3-2-1-Methode. Diese kommt ursprünglich aus der Traumatherapie, wird mittlerweile aber oft im Achtsamkeitsbereich verwendet. Bei dieser vereinfachten Form zählst du fünf Dinge auf, die du siehst, vier, die du hörst, drei, die du fühlst, zwei, die du riechst, und eine Sache, die du schmeckst. Das hilft dir dabei, dich auf das Hier und Jetzt zu fokussieren und Stress abzubauen. Genauso kann es helfen, einfach innezuhalten und dich zu fragen, wie es dir geht. Beantworte diese Frage nicht bloß mit gut oder schlecht, sondern überlege wirklich, was in dir vorgeht. Bist du angespannt und nervös? Was könnte ein Auslöser dafür sein? Bist du gerade hoffnungsvoll, weil die Sonne scheint und deine Laune hebt?

Mut zu träumen

Sätze wie »Dream big« sagen sich immer so leicht, aber große Träume können auch ganz schön einschüchternd sein. Zwar haben wir jetzt gelernt, dass sie in kleine Schritte heruntergebrochen werden sollten, damit sie erreichbarer scheinen – doch was, wenn da auch Angst ist? Wenn der Traum mit einer großen Veränderung verbunden ist – der neue Job zum Beispiel mit der Kündigung des alten oder sogar mit einem Umzug, der dich aus deinem gewohnten Umfeld reißt? Oft bleiben wir aus Bequemlichkeit und Komfort in Situationen, die uns nicht komplett erfüllen. Viele Menschen mögen Veränderung nicht. Meistens erreicht sie uns nämlich unfreiwillig, durch den Verlust eines geliebten Menschen zum Beispiel oder eine Trennung. Dabei ist Veränderung an sich gar nichts Schlechtes, denn sie hilft dir dabei, dich weiterzuentwickeln. Mehr noch: Veränderung ist der Schlüssel zur Erfüllung deiner Träume. Denn wenn du Veränderung nicht bräuchtest, um sie zu erreichen, dann hättest du sie längst. Auch das Starten der eben angesprochenen Routinen ist zum Beispiel eine Veränderung. Veränderungen sind nicht immer gravierende Einschnitte in deinem Leben, oft sind es die ganz kleinen Dinge, die die großen Steine ins Rollen bringen.

Was aber, wenn es sich doch groß anfühlt? Wenn deine Traum-Uni zum Beispiel am anderen Ende Deutschlands ist und dich aus deinem Umfeld reißt? Oder der Job dich weg von deinen Freund:innen führt? Ich bin damals für die Uni Hunderte Kilometer weg von meiner Heimat gezogen, in der ich neunzehn Jahre meines Lebens verbracht hatte – und es war die beste Entscheidung, weil es mich so viel selbstständiger gemacht hat und so hat wachsen lassen. Aber ich bin auch schon umgezogen, weit weg von meinem Freundeskreis, und habe ganz schön zu kämpfen gehabt, weil ich mich in der neuen Heimat auf einmal komplett allein gefühlt habe. Vielleicht wird es dir genauso gehen, und du wirst es bereuen. Die Sache ist die: Du kannst es nicht wissen, solang du es nicht probiert hast. Mit ziemlicher Sicherheit wirst du dich sonst irgendwann fragen: »Was wäre gewesen, wenn …?«

Es gibt etliche Bücher über Gespräche mit Menschen auf Palliativstationen – Menschen, die wissen, dass sie sterben werden, und ihr gesamtes Leben noch einmal reflektieren. Weißt du, welche zwei Punkte bei den Dingen, die sie bereuen, immer in den Top 5 landen? »Ich lebte nicht mein Leben, sondern das anderer Menschen« und »Ich habe meine Träume nicht verfolgt«. Ebenfalls genannt wurde, zu wenig Zeit mit den Liebsten verbracht und zu viel gearbeitet zu haben, weshalb ich die Angst vor Veränderung, wenn sie unser Umfeld betrifft, so gut nachvollziehen kann. Ich glaube aber dennoch, dass wir uns selbst Veränderung schulden, um zumindest auszuprobieren, wie sich der Weg hin zu dem, was wir eigentlich wollen, anfühlt. Keine Situation ist unumkehrbar. Als ich mich damals nach Erasmus entschieden habe, in Irland zu bleiben, während meine komplette Freundesgruppe zurück in ihre jeweiligen Länder gegangen ist, war das unfassbar gruselig. Ich war plötzlich ganz allein, hatte ehrlich gesagt keinen Plan von nichts, weil »richtiges« Auswandern doch noch einmal ganz anders abläuft als ein Auslandssemester. Das

Einzige, was ich noch weniger hatte als einen Plan, war Geld – aber ich habe mich immer wieder mit dem Gedanken beruhigt, dass ich mich jederzeit in den Flieger setzen und heimkommen kann. Das Geld dafür hatte ich sicher beiseitegelegt. Ja, es wäre finanziell hart geworden, hätte mich Zeit gekostet, ja, es hätte Bürokratie bedeutet, mich in Irland zu exmatrikulieren und all das, aber es wäre möglich gewesen. Dasselbe gilt, wenn du eine Uni in einer anderen Stadt besuchen oder einen neuen Job in einem anderen Land annehmen willst: Du kannst immer wieder zurück. Vielleicht nicht in deine alte Wohnung, aber doch in dein altes Umfeld. Das Problem ist, dass wir bei Rückkehr oft an Scheitern denken, dabei stimmt das einfach nicht. Etwas Neues auszuprobieren und zu merken, dass es doch nicht für einen passt, ist das genaue Gegenteil von Scheitern. Es ist ein Erfolg, weil du dem, was du eigentlich in deinem Leben willst, einen Schritt näher gekommen bist.

Wenn du Angst vor einem Schritt hast, dann rede mit deinen Eltern oder deinen Freund:innen darüber. Womöglich bieten sie dir ein Sicherheitsnetz. Das kann ein zuhörendes Ohr sein, wenn du dich in der neuen Heimat allein fühlst, oder aber eine Couch, solltest du doch zurückwollen und nicht direkt eine Wohnung finden. Ich hatte Situationen, in denen meine Freundinnen mir genau das und mehr geboten haben. Mein Traum, auszuwandern beispielsweise wurde auch von der Realität eingeholt, und es hat ganz schön Kraft gekostet, hier in Deutschland wieder Fuß zu fassen – aber dann waren da meine Freundinnen mit allem, von Übernachtungsmöglichkeiten bis hin zu Dekozeug und Möbeln für meine neue Wohnung. So unheimlich Veränderung ist, so viel

Mut deine Träume brauchen, du bist nicht allein, wenn du anderen die Chance gibst, dir zu helfen.

Vielleicht ist es aber auch die Angst vor dem Urteil anderer, die dich davon abhält. Wie die Antwort der Menschen auf der Palliativstation gezeigt hat, bist du damit nicht allein. Wir alle wollen gemocht werden und lassen uns dadurch von Meinungen anderer beeinflussen. Meist werden wir auch nicht aus böser Absicht beeinflusst, sondern weil die anderen Personen – unsere Eltern beispielsweise – das Beste für uns wollen und natürlich ihren Weg für den richtigen, sicheren halten. Aber es ist dein Leben. Wenn ich einen Euro bekäme für jedes Mal, dass Leute kritisiert haben, dass ich Linguistik studiere, anstatt Sprachen zumindest auf Lehramt zu machen, ich würde dieses Buch nicht in Hamburg am Schreibtisch, sondern von den Malediven aus schreiben. Aber ich habe etwas studiert, für das ich nach wie vor total brenne und das mir die gesamten Semester über Spaß gemacht hat. Das heißt nicht, dass dein Weg immer gelingen wird. Vielleicht willst du Architektur studieren und merkst im dritten Semester, dass du alles daran hasst und das Studienfach wechseln willst – das ist im ersten Moment ärgerlich, aber vollkommen okay. Vor allem aber ist es tausendmal besser, etwas nicht zu mögen, wofür *du* dich entschieden hast, als etwas zu machen und zu hassen, was jemand anderes für dich entschieden hat.

Habe Mut, zu träumen, vor allem aber habe Mut, dein Umfeld so zu verändern, dass es dich deinem Traum näher bringt – ob durch einen Jobwechsel, Umzug, eine Reise oder einfach das Etablieren neuer Routinen. Selbst wenn du merkst, dass es nichts für dich ist, so bist du doch um die Erfahrungen reicher, hast dazugelernt, dich weiterentwickelt und neue Perspektiven erlangt. Also: Sprich über deine Träume. Fang vielleicht direkt an und erzähl einer Freundin oder einem Freund davon.

Man soll aufhören, wenn's am schlimmsten ist

Das Leben verläuft nicht geradlinig, und manchmal ist jeder noch so gute Plan zum Scheitern verurteilt – nämlich dann, wenn man irgendwann auf der Strecke merkt, dass man eigentlich in die falsche Richtung läuft. Manchmal kannst du noch so gut geplant haben, dich noch so sehr angestrengt haben: Wenn etwas nicht das Richtige für dich ist oder du auf dem Weg zu einem Ziel bereits bemerkst, wie du daran kaputtgehst, Teile von dir selbst verlierst, dann lass los. Loslassen in Momenten wie diesen ist kein Scheitern. Es ist eine Priorisierung deiner Gesundheit, und die ist immer ein Gewinn.

Weißt du, wie viele aus meinem Freundeskreis ihr Studium abgebrochen oder gewechselt haben? Genauso viele wie jene, die es durchgezogen haben. Nur dass von den Letzteren sogar einige wünschten, sie hätten doch noch einmal den Studiengang geändert. Wie eben schon gesagt, muss keine deiner Entscheidungen für immer sein. Es ist vollkommen in Ordnung, Dinge auszuprobieren und zu merken, dass sie nicht für dich gemacht sind.

Es ist eine sehr emotionale und komplexe Angelegenheit, etwas aufzugeben, von dem du dachtest, dass du es liebst oder es dich erfüllt. Umso schwerer wird es, wenn du bereits Zeit, Geld und Energie investiert hast, wenn du beispielsweise Ausgaben für Equipment hattest oder aber bereits im vierten Semester eines harten Studiengangs steckst. Doch manchmal geht es eben einfach nicht. Wenn du dich gerade in einer solchen Phase befindest, dann stell dir folgende Fragen:

Ist da noch Leidenschaft in mir? Entspricht das Ziel noch meinen Werten und Interessen?

Hast du noch Leidenschaft für deinen Traum? Wenn nicht: Wie lange schon nicht mehr? Ist es nur eine Phase, die du auf etwas zurückführen kannst, oder ist das Feuer eigentlich schon längst erloschen? Denn in diesem Fall ist es vielleicht wirklich besser loszulassen. Es ist okay, wenn sich deine Träume ändern – es ist sogar logisch, immerhin verändern wir uns ja auch ganz automatisch durch die Erfahrungen, die wir machen. Häufig ändern sich dadurch unsere Werte und das, worauf es uns im Leben ankommt. Unsere Träume verschieben sich also auch.

Kann ich mein Ziel anpassen?

Wenn da aber noch Leidenschaft in dir ist, du sie in letzter Zeit nur nicht mehr spürst, dann frag dich, woran das liegen könnte. Vielleicht bist du irgendwo falsch abgebogen, oder du eilst in zu schnellen Schritten zu deinem Ziel, sodass du gar keine Zeit mehr für dich hast. Womöglich bist du auch frustriert wegen einiger Rückschläge, oder du siehst, wie alle ihre Ziele schneller erreichen als du? In dem Fall besinne dich auf dich selbst, versuche, die Vergleiche sein zu lassen und schau, was du bereits alles erreicht hast. Wenn es dir wirklich nicht genug ist, dann lohnt es sich womöglich, alles noch einmal neu aufzurollen und mit jemandem, der einen objektiveren Blick hat, auf deinen Plan zu schauen. Betrachte dein Ziel und die Art, wie du es umsetzt, immer mal wieder neu und passe es gegebenenfalls an, immerhin ändert sich dein Alltag ja auch.

Was ist das Schlimmste, was passieren kann, wenn ich aufhöre, dieses Ziel zu verfolgen?

Oft malen wir uns ganz schlimme Konsequenzen aus, die gar nicht eintreffen – zumindest könntest du das kennen, wenn du, wie ich, ein Overthinker bist, also jemand, der alles gern zergrübelt. In den meisten Fällen passiert aber gar nichts Schlimmes. Wie ich schon einmal geschrieben habe: Aufgeben, neue Ziele setzen, ein paar Schritte zurückmachen – nichts davon ist Versagen. Es ist okay, wenn du traurig bist und dich bemitleidest, aber sei bitte nicht enttäuscht von dir. Etwas weiterzuverfolgen, was dich nicht erfüllt, ist am Ende die viel größere Enttäuschung. Höre auf dich. Natürlich musst du Dinge wie Finanzen mitbedenken, und manchmal geht es nicht immer direkt, dich neu auszurichten, aber zu erkennen, dass etwas nicht für dich gemacht ist, ist immer ein Schritt in die richtige Richtung – auch wenn dieser erst einmal zurück führt.

Habe ich neue Ziele und Träume?

Gibt es womöglich etwas anderes, wofür du mittlerweile brennst und was du umsetzen möchtest? Vielleicht sogar etwas in einem ganz anderen Bereich? Das ist großartig! Denn beim Verfolgen deines letzten Ziels hast du sicher ganz viel gelernt, das du nun anwenden kannst. Und neue Träume zu haben – egal wohin sie führen – ist nichts Schlechtes. Übrigens ganz egal, wie alt du bist. Vera Wang ist mit vierzig überhaupt erst in die Modeindustrie eingestiegen, zuvor war sie Eisläuferin und sogar für das Olympia-Team qualifiziert. Es war sicher nicht einfach, in einer völlig anderen Branche Fuß zu fassen – doch heute ist sie eine der bekanntesten Designerinnen, insbesondere für Brautmoden. Und sie ist nur ein Beispiel von vielen. Also hab keine Angst, deinen Weg neu auszurichten. Nichts ist jemals umsonst, da wir auf all diesen Wegen immer dazulernen.

Egal, wie deine Ziele und Träume aussehen, ich wünsche dir nur das Beste dafür! Ich hoffe, dieses Kapitel hat dir geholfen, sie zu strukturieren, Pläne aufzustellen und den Mut zu fassen, sie umzusetzen. Scheitern ist nichts Schlimmes. Wir haben bereits über ein sicheres Netzwerk aus Freund:innen gesprochen – diese helfen dir, wieder aufzustehen und es noch einmal zu probieren. Nimm Hilfe an, entwickle Routinen und komm deinen Zielen so jeden Tag ein kleines Stückchen näher.

Wenn wir uns von Fehlern zurückwerfen lassen, sind wir immer noch weiter, als wenn wir aus Angst vor Fehlern erst gar nicht loslaufen.

WORLDS BEYOND

Steh für dich ein

Für dich selbst einzustehen kann ganz viele unterschiedliche Formen annehmen. Für deine Träume zu kämpfen, gut zu dir selbst zu sein, dein Impostor-Syndrom abzulegen, deine Grenzen zu kommunizieren – mit all diesen Dingen stehst du bereits für dich ein.

Ich wollte dennoch ein zusätzliches Kapitel hinzufügen mit Tipps für Situationen, die man vor Augen hat, wenn man ans Für-sich-Einstehen denkt. Sich wehren beispielsweise gegen fiese Kommentare oder sich in Verhandlungen durchsetzen, aber auch sich selbst verzeihen – denn auch das ist für dich einstehen.

Wenn du ungerecht behandelt wirst

Wann hat dich ein Kommentar zuletzt verletzt? Hast du etwas erwidert oder dagegen unternommen oder ihn einfach geschluckt und weitergemacht? Ich kenne beide Situationen, und manchmal ist es vielleicht sogar besser oder sicherer, einfach wegzuhören und weiterzugehen. Die folgenden Tipps beziehen sich auf Situationen, in denen du gefahrlos Kontra geben kannst: jene Situationen, in denen du deine Sicherheit *nicht* gefährdest, indem du etwas unternimmst.

Manchmal ist es einfach ein unbedachter Kommentar, eine Äußerung über dein Gewicht, dein Outfit, eine Eigenart von dir, die dich verletzt. Vielleicht ist sie eine Spitze, vielleicht aber auch gar nicht böse gemeint. So oder so: Sie tut weh und bleibt dir in Erinnerung. Leider behalten wir uns negative Kommentare nämlich sehr viel länger als positive. Gegen solche Situationen kannst du dich wappnen und deine Stimme nutzen – auch, damit sie in Zukunft hoffentlich seltener passieren. Mir ist es an dieser Stelle noch wichtig zu erwähnen, dass du nie schuld daran bist. Negative Kommentare, Sticheleien, Mobbing, Lästern und all das sagt nichts über dich und alles über die andere Person bzw. die anderen Personen aus. Es ist ganz egal, wie man aussieht oder was man tut. Wenn Leute gemein sein wollen, dann finden sie einen Weg. So viele Menschen, die ich kenne und bewundere und die absolut großartig sind, mussten Ähnliches durchmachen. Wenn du gemobbt wirst, dann ist es wichtig, dass du dir Hilfe suchst. Wende dich an jemanden, dem du vertraust. Ganz egal wer, das müssen nicht die Lehrer oder deine Eltern sein. Wenn da niemand ist, dann verweise ich noch einmal auf die Ansprechstellen am Ende des Buchs – du musst das nicht allein durchstehen.

Wenn es aber um bissige Kommentare geht, vielleicht auch unbedachte von Freund:innen oder Familienmitgliedern, dann gibt es ein paar Optionen, wie du für dich einstehen kannst.

SCHLAGFERTIGKEIT ÜBEN

Kennst du das? Jemand ist gemein zu dir, und du bist zu sprachlos, etwas zu erwidern, aber daheim fallen dir dann etliche gute Antworten ein und du führst ein Gespräch in deinem Kopf, in dem du das Ruder in der Hand hältst?

Es gibt verschiedene Möglichkeiten, schlagfertig zu antworten. Einige zielen auf Humor ab, andere auf direktes Kontern, wieder andere auf Gleichgültigkeit. Es ist egal, für welche Art du dich entscheidest, wichtig ist aber, dass du es selbstsicher und souverän rüberbringst, sowohl in deiner Stimme als auch mit deiner Körperhaltung.

- **MIT HUMOR BEGEGNEN:** Wenn jemand auf deine Witze hin sagt, dass du unlustig bist, kannst du beispielsweise antworten: »Mist, dabei war ich mir so sicher, nächstes Jahr Stand-up-Comedy machen zu können!« Wenn du bei einem Song mitsummst oder ihn mitsingst und jemand dir dafür doof kommt, kannst du trocken sagen: »Verdammt, dann wird das mit der Bewerbung bei *Deutschland sucht den Superstar* doch nichts, meinst du?«

- **ABLEHNEN:** Du musst die gemeinen Sprüche nicht annehmen. Wenn dir jemand sagt, dass du heute schlecht aussiehst, zugenommen hast oder sonst irgendwie versucht, dein Aussehen kleinzureden: Nimm es einfach nicht an. Ein Satz wie »Finde ich nicht, ich fühl mich superwohl mit mir«, gepaart mit einem ruhigen Lächeln, und weitergehen.

Genauso gut kannst du direkt deine Grenze aufzeigen, beispielsweise mit einem: »Ich habe dich nicht nach deiner Meinung gefragt, und das ist auch keine Diskussion, die ich mit dir führe« oder im beruflichen Kontext ein: »Dieser Kommentar tut überhaupt nichts zur Sache, konzentrieren Sie sich bitte auf die relevanten Themen.«

Das erfordert Übung, weil einen die Sticheleien anfangs natürlich doch aufregen, aber die Kommentare sagen nichts über dich aus und alles über dein Gegenüber. Verinnerliche dir das. Eine glückliche, zufriedene Person hat es gar nicht nötig, gemein zu anderen zu sein – im Gegenteil, sie will, dass es anderen gut geht. Und selbst wenn du heute einen Bad Hair Day hast, selbst wenn du zu- oder abgenommen hast: Ist das nicht komplett egal? Ist irgendetwas davon wirklich etwas Schlechtes, oder nehmen wir das nur an, weil die andere Person will, dass wir uns ebenso schlecht fühlen wie sie?

SORGE (VORTÄUSCHEN): Halte inne, atme tief ein und wieder aus und mustere dein Gegenüber besorgt. Frage, gern mit betont sanfter Stimme, ob es der Person gut geht. Ein »Hey, ist alles okay bei dir? Du wirkst so aufgebracht« oder ein »Hattest du einen harten Morgen? Mach dir nichts draus, so geht es uns allen mal« passt in den meisten Situationen. So gehst du nicht nur nicht auf die Stichelei ein, du spielst außerdem den Ball zurück und bist auch noch – ob nun ernst gemeint oder gespielt – so freundlich, dass dir niemand einen Vorwurf machen kann.

- **KONTERN:** Jetzt sage ich was, das ich vermutlich nicht sagen sollte, aber: Du darfst auch gemein sein. Wenn die Person, die dir einen fiesen Kommentar um die Ohren haut, dir nichts bedeutet, dann schlage ruhig zurück, ganz nach dem Motto: »Wie es in den Wald hineinschallt …« Ist nicht unbedingt die feine Art, ja, aber ich finde, wehren darf erlaubt sein. Wichtig ist nur, dass du dabei nicht komplett unter die Gürtellinie gehst und den Kontext beachtest: Im Job beispielsweise würde ich niemals ausfallend werden. Kommentare über Äußerlichkeiten gehen in meinen Augen genauso wenig. Aber du darfst deinen Wert kennen und diesen verteidigen. Wenn jemand beispielsweise einen gemeinen Kommentar zu deiner unreinen Haut macht, kannst du kontern: »Ja, ich bin einfach allergisch gegen all deine Negativität«, oder aber: »Meine unreine Haut verschwindet, sobald meine Hormone im Griff sind. Deine ignorante Art bleibt vermutlich. Tut mir echt leid!«

  Im beruflichen Kontext lässt sich das Ganze natürlich auch anwenden. Wenn jemand stichelt, dass du schon wieder so früh Feierabend machst, ist ein freundliches »Ja, wenn du magst, zeige ich dir gern, wie mein Zeitmanagement funktioniert, dann kannst du das bald auch« eine gute Art, die andere Person in ihre Schranken zu weisen.

Schlagfertigkeit erfordert manchmal Übung, aber sie wird immer einfacher und lässt außerdem dein Selbstbewusstsein wachsen. Sollten dich manche Kommentare häufiger treffen, dann leg dir im Zweifel schon Antworten zurecht und übe sie daheim. Sei dir aber auch nicht böse, wenn du mal wieder klein beigibst und nichts sagst – du bist hier nie die schuldige Person. Um es mit den Worten meiner Mutter zu sagen, die sie mir an meinem ersten Kindergartentag mitgab: »Fang keinen Streit an, aber wenn jemand dich im Sandkasten schlägt, wirf Sand zurück.«

NACHFRAGEN

Wenn dir gerade keine schlagfertige Antwort einfällt, dann stell Fragen, denn damit rechnet in der Regel niemand. Ein einfaches »Wie meinst du das?« oder ein »Kannst du den Satz noch mal wiederholen?«, wenn sich jemand dir gegenüber unbedacht äußert, kann demjenigen bereits den Wind aus den Segeln nehmen.

Als rothaarige Jugendliche waren Sticheleien bei mir leider an der Tagesordnung, und da ich dazu sehr helle Haut und – in ungetuschtem Zustand – helle Wimpern habe, durfte ich mir von »Du siehst aus wie eine Leiche« bis »Bist du krank?« etliche Sprüche anhören. Hätte ich das Mädchen, das mir ersteren Spruch häufiger mal um die Ohren gehauen hat, in dem Umfeld laut darum gebeten, den Satz doch noch mal zu wiederholen, anstatt ihn zu schlucken, wäre die Situation sicher anders ausgegangen – denn meist fallen solche gehässigen Sätze wie nebenbei. Die Person rechnet nicht mit Gegenwehr oder Nachfragen. Den Mut, sie laut noch einmal vor einer größeren Gruppe zu wiederholen, haben die wenigsten.

Ein »Wie meinst du das, magst du das noch mal genauer erläutern?« kann dein Gegenüber im schulischen, privaten und auch beruflichen Kontext ordentlich aufs Glatteis führen, besonders, wenn deine Nachfrage andere Personen mit ins Boot holt.

LÖSUNG SUCHEN

Wenn jemand dich andauernd angreift, dann hat die Person offensichtlich ein Problem. Womöglich nicht mal mit dir, sondern eher mit sich selbst und ihren eigenen Unsicherheiten. Wenn sie dir egal ist: Versuch drüberzustehen oder sie, wenn möglich, aus deinem Leben zu kicken. Wenn sie dir nicht egal ist oder du sie nicht so einfach loswerden kannst, weil ihr euch im Sport, an der Uni oder auf der Arbeit begegnet, dann nimm sie zur Seite und sprich sie direkt auf ihr Verhalten an. Das kannst du unter vier Augen machen oder aber du nimmst jemand Unbeteiligten hinzu – unbeteiligt, weil die Person, mit der das Problem besteht, sich sonst schnell in die Enge getrieben oder angeschwärzt fühlen kann, wenn beispielsweise die Vorgesetzten danebensitzen. An der Schule zum Beispiel gibt es oft Mediator:innen oder Streitschlichter:innen, die bei einer solchen Gesprächsführung helfen können. Frag die Person direkt, was ihr Problem mit dir oder mit der angesprochenen Kritik ist. Wenn sich jemand an einer Verhaltensweise von dir stört, kannst du überlegen, ob die Person im Kern ihrer Aussage einen Punkt haben kann, oder aber du erkennst, dass es wirklich gar keinen logischen Grund für ihren Hass gibt, und kannst so hoffentlich besser damit abschließen. Im Idealfall versteht dein Gegenüber vielleicht sogar, wie daneben die Sprüche sind und was es damit anrichtet – so oder so kann ein Gespräch hilfreich sein, um Dinge aus der Welt zu schaffen. Allerdings kannst du die Situation am besten beurteilen und entscheiden, ob sich überhaupt ein produktives Gespräch führen lässt.

Verzeih dir selbst

Jetzt weißt du, wie du anderen gegenüber für dich einstehen kannst – aber manchmal sind wir selbst unsere größten Gegner. Über Selbstvorwürfe und Druck haben wir bereits gesprochen, aber womöglich ist da etwas in deiner Vergangenheit, das du nicht loslassen kannst, etwas, das du bereust oder das du dir einfach nicht verzeihst. Für dich selbst einzustehen und zu dir selbst zu stehen bedeutet aber auch, dich mit all deinen Ecken und Kanten zu akzeptieren. Es bedeutet, dir selbst zu verzeihen. Wir alle machen Fehler. Es gibt keine fehlerfreien Menschen. Zu versuchen, einer zu werden, ist also ziemlich zwecklos. Das bedeutet natürlich nicht, dass es egal ist, was du tust – wir alle streben ja danach, möglichst gut zu handeln. Es heißt aber, dass es okay ist, Fehler zu machen. Es heißt, dass du dir verzeihen darfst. Es hat keinen Sinn, an Dingen festzuhalten, die du nicht mehr ändern kannst, und dich wegen dieser Dinge ewig schuldig zu fühlen. Die Psychologin Doris Wolf geht sogar so weit zu sagen, dass ein Schuldgefühl eigentlich gar kein Gefühl ist – es ist eine Bewertung unserer Taten, und die bewerten wir nach einem System, das uns von klein auf beigebracht wurde: Fehler sind schlecht, und auf Fehler folgen Strafen. Schuld ist also eher eine Selbstbestrafung. Wie aber schaffst du es, dir selbst zu verzeihen?

- **GESTEHE DIR FEHLER EIN:** Es ist okay, Schuld zu empfinden. Es ist aber ebenfalls okay, sie irgendwann zu akzeptieren und gehen zu lassen. Das heißt nicht, dass du schönreden musst, was passiert ist. Aber akzeptiere, dass du einen Fehler gemacht hast, ihn in der Vergangenheit lässt und in Zukunft anders handeln wirst. Fehler machen dich nicht zu einem schlechten Menschen. Sie besseren Wissens zu wiederholen und nicht zu reflektieren – das vielleicht. Aber sie zu machen und aus ihnen zu lernen? Das nicht.

- **LERNE AUS DEINEN FEHLERN:** Du kennst sicher das Sprichwort »Einsicht ist der erste Weg zur Besserung«, oder? Wenn du dir deine Fehler eingestehen kannst, dann hast du schon einen tollen Schritt in die richtige Richtung gemacht. Versuche, etwas aus ihnen zu lernen. Insbesondere, wenn deine Fehler Muster sind, die sich wiederholen. Lügst du immer wieder? Oder stößt du Menschen von dir, wenn du verletzt bist? Das alles kann tiefer liegende Gründe haben. Lügst du zum Beispiel, um dich selbst beliebter zu machen, weil du Angst hast, sonst nicht gemocht zu werden? Stößt du Menschen weg, weil du Angst hast, ihnen zur Last zu fallen oder zu anstrengend zu werden? Beobachte, warum du Fehler begehst, und versuche dann, Rückschlüsse daraus zu ziehen und daraus zu lernen.

- **SCHREIBE DIR SELBST EINEN BRIEF:** Schildere dir selbst, was dir leidtut und warum – und dann verzeih dir. Sei in dem Brief nicht vorwurfsvoll, sondern formuliere ihn so, wie du ihn an einen lieben Menschen schreiben würdest. Nutze nette Sprache. Versuche nicht, deinen Fehler schönzureden, aber mach dir auch selbst keine Vorwürfe mehr deswegen. Schreib den Brief von Hand, dann wird er persönlicher und verschafft dir einen besseren Zugang zu deinen Gefühlen und Gedanken.

- **ENTSCHULDIGE DICH BEI ANDEREN:** Wenn dein Fehler andere Personen mit einbezieht, dann entschuldige dich bei ihnen, vielleicht ja auch in Form eines Briefs. Entschuldige dich, aber tu es, weil du dich entschuldigen möchtest, nicht, weil du ihre Vergebung erwartest. Dich bei anderen zu entschuldigen, zeigt Stärke, aber: Sie müssen dir nicht verzeihen. Einige Fehler können wieder geradegebogen werden, manchmal braucht es nur Einsicht und eine Entschuldigung. Andere nicht. Der Fehler ist geschehen, du kannst dich entschuldigen und ändern – mehr hast du nicht in der Hand. Entschuldige dich daher nicht mit einer Erwartungshaltung, sondern nur dann, wenn du etwas aufrichtig bereust und dich bei der anderen Person entschuldigen möchtest. Versuche nicht, die andere Person zu beeinflussen. Ob sie dir verzeiht, obliegt vollkommen ihr!

Die Sache mit dem Geld

Noch immer ist es verpönt, über Geld zu sprechen. Ich hatte sogar schon Arbeitsverträge, in denen explizit stand, dass ich nicht über mein Gehalt reden soll (kein Wunder, ich habe später herausgefunden, dass ich wesentlich mehr erhalten habe als Kolleg:innen in gleichen Positionen). Doch ich finde es wichtig, über Geld zu sprechen. Denn insbesondere, wenn wir neu ins Berufsleben starten, haben wir keinerlei Anhaltspunkte, um einschätzen zu können, was ein fairer Lohn für unsere Arbeit ist. Wir wissen in der ersten eigenen Wohnung ja nicht einmal wirklich, welche Kosten auf uns zukommen. Für dich einzustehen heißt zwangsläufig auch, dass du irgendwann in Gehaltsverhandlungen kommen wirst, deshalb ist es mir wichtig, das Thema in diesem Buch anzusprechen.

Ich hasse es, zu verhandeln. Ich hab es mir irgendwann trotzdem beigebracht, was beispielsweise dazu geführt hat, dass ich im oben erwähnten Job mehr Gehalt bekommen habe. Angeboten wurde mir dieses nämlich nicht einfach so. Wenn du – von einem Angestelltenverhältnis ausgehend – mehr Geld verdienen willst, hast du zwei Möglichkeiten: Du verhandelst ein höheres Gehalt oder aber du bewirbst dich auf einen besser bezahlten Job. In beiden Fällen musst du aktiv werden. In der Regel kommt kein:e Arbeitsgeber:in auf dich zu und bietet dir von sich aus eine Gehaltserhöhung an. Das gibt es zwar, aber es ist eher die Ausnahme.

Ich hatte schon wirklich mies bezahlte Jobs, die mir nicht einmal großen Spaß bereitet haben, aber ich bin dennoch dort geblieben. Warum? Weil ich die Leute mochte. Ich hab mich richtig gut mit meinen Kollegen und Kolleginnen verstanden, und auch meine Chef:innen wollte ich natürlich nicht hängen lassen. Ich mochte mein Team, ich wollte von ihnen gemocht werden, und so hab ich natürlich Überstunden geschoben und natürlich den Job behalten, anstatt sie alle hängenzulassen. Die Sache ist die: Wenn du denkst wie ich damals, dann stellst du deine eigenen Bedürfnisse mal wieder ganz hinten an.

Es ist nicht verkehrt, auf die Kolleg:innen zu achten und mal eine Schicht zu übernehmen. Geld ist auch nicht alles im Leben. Sonst hätte ich ganz sicher nicht Sprachen studiert und beschlossen, Autorin zu werden. Mir persönlich geht Leidenschaft immer noch vor Geld, aber das eine sollte das andere niemals ausschließen, und Geld ist nun einmal wichtig – zum Überleben und zum Leben.

WIE DU FÜR DICH VERHANDELST: FÜNF TIPPS, DIE DU DIREKT ANWENDEN KANNST

Womöglich steht dir bald eine Gehaltsverhandlung bevor – ob nun in einem neuen Job oder in deinem bereits existierenden. Sicherlich willst du mit mehr Gehalt aus dieser hervorgehen, nicht mit gleichbleibendem oder gar weniger. Doch wie bereitest du dich darauf vor? Wie sprichst du dieses große Tabu-Thema Geld an?

1.
Sprich von einer Gehaltsanpassung

Dieser Trick funktioniert natürlich nur, wenn du nicht den Arbeitgeber wechselst, sondern bereits Erfahrungen dort gesammelt hast. Meist willst du aus einer Gehaltsverhandlung keine Erhöhung, sondern eine Anpassung deines Gehalts. Denn in der Regel hast du seit Einstieg in den Job zusätzliche Aufgaben übernommen, und meist spielen Dinge wie Inflation und steigende Kosten auch eine Rolle. Vielleicht hast du auch einen besonders großen Kunden an Land gezogen und dein Gehalt somit schon gerechtfertigt. Liste auf, was du alles leistest, und sage, dass du aufgrund dessen gern eine Gehaltsanpassung an deine aktuellen Aufgaben hättest.

2.
Nenne eine Zahl

Ich hasse diesen Part, aber mach dir vorher Gedanken darüber, was du verdienen möchtest. Und dann geh noch etwas höher. Ich bin selbstständig, das heißt, ich habe Gehaltsverhandlungen in regelmäßigen Abständen. Ob nun bei einem neuen Buch oder Marketingaufträgen für Kund:innen. Wann immer ich eine Zahl in die Runde werfe, die sofort freudig abgenickt wird, weiß ich, dass ich mich mal wieder unter Wert verkauft habe. Nenn also lieber zu viel – im besten Fall wird es abgesegnet, im schlimmsten Fall wirst du heruntergehandelt und landest so vielleicht bei der Zahl, die du ursprünglich wolltest. Nenn außerdem keine glatte Zahl. Eine spezifische Zahl (bspw. 43.500 Euro Brutto-Jahresgehalt) wirkt besser vorbereitet als eine glatte Zahl (wie bspw. 40.000 Euro). Außerdem wirst du in glatten Zahlen höchstwahrscheinlich auch glatt nach unten gehandelt (im zweiten Fall beispielsweise in Tausenderschritten), während eine ungerade mehr Spielraum liefert. Die Verhandlungen starten schließlich bei deiner zuerst genannten Zahl. Bleibe dabei aber realistisch. Kaum ein Arbeitgeber wird deinen Lohn um fünfzig Prozent steigern. In den meisten Fällen liest man von drei bis zehn Prozent. Vielleicht kannst du herausfinden, was Personen in ähnlichen Positionen in deinem oder anderen Betrieben erhalten.

3.
Sei selbstsicher

Es ist ein bisschen wie vorhin bei der Schlagfertigkeit: Sprich mit Selbstbewusstsein, ob du es nun hast oder nicht. Deine Arbeit ist etwas wert, also verhandle für dich! Du hast es dir verdient. Übe vor dem Spiegel oder mit Freund:innen, nimm dich vielleicht selbst dabei auf, bereite dich so gut wie möglich vor. Es ist vollkommen okay, nervös zu sein, rot anzulaufen oder zu stottern – hab keine Angst davor. Solche Gespräche sind gruselig, und ich denke, die wenigsten Leute haben Spaß daran, mit den eigenen Vorgesetzten über Bezahlung zu diskutieren. Ich zum Beispiel kriege, wenn ich nervös bin, immer rote Flecken am Hals. Egal. Solche Dinge sagen nichts über deine Kompetenz aus oder darüber, ob du mehr Geld verdient hast. Dass du aufgeregt bist, zeigt ja nur, dass dir die Sache wichtig ist. Es ist auch vollkommen okay, das im Gespräch zuzugeben. Du kannst beispielsweise so starten: »Ich bin etwas aufgeregt, dieses Gespräch zu führen, da meine Arbeit mir wichtig ist und ich im letzten Jahr sehr viel geleistet habe, worauf ich stolz bin.«

4. Streiche gewisse Worte aus deinem Vokabular

Jedes Buch, auch dieses hier, muss ins Lektorat. Erschaffe dir in deinem Kopf einen eigenen Lektoren oder eine Lektorin und streich direkt mal folgende Worte und Phrasen: *Eigentlich, Entschuldigung, ich glaube, ich denke*, jegliche Worte im Konjunktiv. Sage nichts à la: »Ich weiß, dass das Budget eigentlich knapp ist, aber ich glaube, ich hätte mehr Gehalt verdient.« Es ist nicht deine Aufgabe, dir Gedanken um den Umsatz und Gewinn deiner Firma zu machen, die Budgetplanung ist Job deiner Vorgesetzten. Du *glaubst* auch nicht, dass du mehr verdient hättest – wenn du diese Verhandlung führst, dann offensichtlich, weil du *weißt*, dass du mehr verdient hast.

Es lohnt sich übrigens generell, diese Worte aus dem beruflichen Kontext zu streichen. Nicht, dass du dich nicht entschuldigen sollst, wenn etwas schieflief, aber oft bringen wir – insbesondere wir Frauen – uns selbst bei guten Ideen mit einem »Sorry, dass ich das einfach so vorschlage, aber wäre es nicht auch eine gute Idee, wenn …«, »Entschuldigung, aber …« ein. Meine ehemalige Mitbewohnerin hatte eine »Sorry-Kasse«, angelehnt an die Schimpfwort-Spardosen in der Kindheit. Wann immer sie irgendeinen Satz in der WG oder im Büro mit »Sorry« eingeleitet hat, musste sie einen Euro hineinwerfen. Mein Glas wäre sicher nach einer Woche voll gewesen.

5. Alternativen bei einem Nein

Idealerweise erhältst du mehr Gehalt, aber es kann natürlich auch sein, dass deine Verhandlung in einem Nein endet. Du kannst dir erst einmal dennoch auf die Schulter klopfen, dass du das Gespräch gesucht hast. Das ist großartig, und du bist für dich eingestanden! Es muss mit dem Nein auch nicht zwingend vorbei sein. Frage deine Vorgesetzten, was es braucht, damit du diese Gehaltserhöhung bekommst. Das könnte beispielsweise so lauten: »Welche Leistungen oder Fähigkeiten erwarten Sie von mir, um ein besseres Gehalt zu rechtfertigen? Können wir einen Termin in einem halben Jahr ausmachen, um erneut zu schauen, ob ich diese Erwartungen dann erfülle?«

Du kannst auch nach Fortbildungen fragen, insbesondere, wenn dir wirklich noch Kenntnisse fehlen. Bilde dich in entsprechenden Bereichen weiter, frag die Finanzierung von Workshops und Kursen an. Auch ein Jobticket kann bereits einen Unterschied machen, von einem Firmenwagen ganz zu schweigen. Verhandlungen müssen sich nicht immer auf Geld beziehen.

Im besten Fall helfen dir all die Übungen im Buch, deinen Selbstwert zu stärken. Erkenne deine Leistungen ebenso an wie deinen Wert und geh mit diesem Selbstbewusstsein in Verhandlungen. Das Schlimmste, was du auf deine Anfrage erhalten kannst, ist ein Nein – dann verhandelst du entweder weiter oder nimmst das Gelernte mit für die nächsten Gespräche. Wenn du nicht für dich einstehst, tut es in den meisten Fällen keiner. Wenn du jedoch für dich einstehst, dann bist du im besten Fall sogar ein Vorbild für andere. Und das Gute daran? Für dich einzustehen ist wie ein Muskel, den du trainieren kannst – es wird mit jedem Mal einfacher.

NACHWORT

Ich hoffe, dieses Buch hat dir geholfen, dich besser kennenzulernen und etwas Zeit mit dir und deinen Gedanken zu verbringen. Genauso sehr hoffe ich, dass es dir Energie geschenkt hat, für dich einzustehen, und dir Inspiration für deine Träume und Ziele mit auf den Weg gegeben hat. Vielleicht bist du auf neue Erkenntnisse gestoßen, vielleicht wusstest du vieles schon und das Gelernte hat sich weiter gefestigt.

Wo auch immer du dich gerade auf deinem persönlichen Weg befindest: Denk bei allem daran, dass jede Veränderung und jeder Schritt hin zu Selbstakzeptanz ein Prozess ist. Du wirst Erfolge feiern, du wirst scheitern – all das ist ganz normal. Ich selbst befinde mich bei vielem, was ich aufgeschrieben habe und was ich bereits weiß, ebenfalls noch auf der Reise. Die Welt und auch wir selbst verändern uns stetig, also ist es mit den Wegen, die wir gehen, womöglich genauso – aber allein die Tatsache, dass du dich durch dieses Buch mit dir selbst auseinandersetzt, ist schon großartig und mutig.

Sei geduldig mit dir, sei liebevoll, streng, wenn es mal sein muss, aber vor allem: Sei du selbst und steh für dich ein. Erkenne deine Fortschritte an und feiere sie, wie klein sie auf den ersten Blick auch scheinen mögen.

Ich danke dir, dass du dich auf dieses Buch eingelassen hast, und wünsche dir auf deinem weiteren Weg nur das Beste! Berichte mir gern von deinen Gedanken und Erlebnissen beim Lesen, ich würde mich freuen, von dir zu hören!

Alles Liebe

Anabelle

Wichtige Telefonnummern, Empfehlungen und Quellen

WICHTIGE TELEFONNUMMERN

Hilfetelefon Gewalt gegen Frauen

Bundesweites Beratungsangebot für Frauen, die Gewalt erlebt haben oder erleben. Kostenfrei und in 18 Fremdsprachen verfügbar.
Telefonnummer: 116 016
www.hilfetelefon.de

Hilfetelefon Gewalt gegen Männer

Telefonnummer: 0800 1239900
www.maennerhilfetelefon.de

Nummer gegen Kummer

Kinder- & Jugendtelefon: 116 111
Elterntelefon: 0800 1110550

EMPFEHLUNGEN

Bücher:

Das Kind in dir muss Heimat finden – Stefanie Stahl

Die 1%-Methode: Minimale Veränderung, maximale Wirkung – James Clear

Die 5 Sprachen der Liebe – Gary Chapman

Everyday Sexism – Laura Bates

Frauen schulden dir gar nichts – Florence Givens

I'm Glad My Mom Died – Jennette McCurdy

Immer funktionieren funktioniert halt nicht – Judith Brückmann & Cord Neubersch

It's Called A Breakup Because It's Broken: The Smart Girl's Break-Up Buddy – Greg Behrendt & Amiira Ruotola-Behrendt

The ONE Thing: Die überraschend einfache Wahrheit über außergewöhnlichen Erfolg – Gary Keller

Notiz an mich: Ich bin genug – Sabine Steindor

Und was, wenn alle merken, dass ich gar nichts kann? Über die Angst, nicht gut genug zu sein. Das Impostor-Phänomen – Sabine Magnet

Podcasts:

Liebeschip-Podcast von Dipl.-Psych. Christian Hemschemeier

The Guilty Feminist von Deborah Frances-White

The Mindful Sessions von Sarah Dessai

Apps:

7mind – Meditationsapp

Forest – für mehr Fokus

One Sec und ScreenZen – für achtsamere Social-Media-Nutzung

QUELLEN

AOK Gesundheitsmagazin (2023): *Cellulite bekämpfen: Was hilft wirklich gegen Orangenhaut?* https://www.aok.de/pk/magazin/koerper-psyche/haut-und-allergie/cellulite-bekaempfen-so-werden-sie-orangenhaut-los/ [02.01.2024]

Bauer, J. et al. (2003). *Burn-out und Wiedergewinnung seelischer Gesundheit am Arbeitsplatz.* Psychotherapie Psychosomatik Medizinische Psychologie, 213–222.

Behrendt, Greg & Ruotola-Behrendt, Amiira (2006): *It's Called a Breakup Because It's Broken: The Smart Girl's Break-Up Buddy.* Harmony/Rodale.

Bradberry, Travis (2014): *Multitasking Damages Your Brain And Career, New Studies Suggest.* https://www.forbes.com/sites/travisbradberry/2014/10/08/multitasking-damages-your-brain-and-career-new-studies-suggest/ [02.01.2024]

Broster, Alice (2020): *What Is The Orgasm Gap?* https://www.forbes.com/sites/alicebroster/2020/07/31/what-is-the-orgasm-gap/?sh=6b9a8e2560f8 [04.01.2024]

Burkhard, Pascal und Rueegg, Jasmine (2003). *Warum wir den sozialen Netzwerken nicht widerstehen können.* https://www.nzz.ch/technologie/warum-wir-den-sozialen-netzwerken-nicht-widerstehen-koennen-ld.1733551 [02.11.2023]

Chapman, Gary (2010): *The five love languages.* Walker Large Print.

Clear, James (2020): *Why Trying to Be Perfect Won't Help You Achieve Your Goals (And What Will).* https://jamesclear.com/repetitions [02.11.2023]

Clear, James (2018): *Atomic Habits: An Easy & Proven Way to Build Good Habits & Break Bad Ones.* New York, Avery.

Compton, Julie (2019): *The ›orgasm gap‹: Why it exists and what women can do about it.* https://www.nbcnews.com/better/lifestyle/orgasm-gap-why-it-exists-what-women-can-do-about-ncna983311 [04.01.2024]

Cuncic, Arlin (2024): *Imposter Syndrome: Why You May Feel Like a Fraud.* https://www.verywellmind.com/imposter-syndrome-and-social-anxiety-disorder-4156469 [02.01.2024]

Eberle, Ute (2018): *Wie Gene Verstand und Begabung steuern.* https://www.geo.de/wissen/gesundheit/18507-rtkl-genetik-wie-gene-verstand-und-begabung-steuern [28.11.2023]

Gaulhiac, Natalie (2017): *Ratschlag des legendären Unternehmers Jim Rohn: Achtet auf die fünf Menschen, die euch am nächsten stehen.* https://www.businessinsider.de/strategy/achtet-auf-die-fuenf-menschen-die-euch-am-naechsten-stehen-2017-2/ [29.02.2024]

Hemschemeier, Christian (2021): *Paartherapeut erklärt: Was der Selbstwert mit toxischen Beziehungen zu tun hat.* https://www.rnd.de/liebe-und-partnerschaft/toxische-beziehungen-was-der-selbstwert-damit-zu-tun-hat-46RAEBDWQJCZVLI45L2T34TZMQ.html [27.12.2023]

Kern, Isabelle (2020). *Wie liebt man ohne Verlangen?* https://www.edit-magazin.de/asexualitaet-liebe-ohne-verlangen.html [31.12.2023]

Klinkhammer, Monika und Saul-Soprun, Gunta (2009): *Das »Hochstaplersyndrom« in der Wissenschaft.* Organisationsberatung, Supervision, Coaching 16 (2), 165–182.

Köppe, Julia (2019): *»Reichen 100 Tampons für eine Woche im All?«.* https://www.spiegel.de/wissenschaft/weltall/nasa-erster-weiblicher-ausseneinsatz-auf-der-iss-a-1292357.html [23.02.2024]

Linde, Sandra (2023): *Liebeskummer: Die vier Phasen des Trennungsschmerzes.* https://instahelp.me/de/magazin/beziehung/liebeskummer-die-vier-phasen-des-trennungsschmerzes/ [05.12.2023]

Luberto, C. et al. (2012): *Relaxation-induced anxiety: predictors and subjective explanations among young adults.* BMC Complementary and Alternative Medicine, 12 (Suppl 1): O53.

Luerweg, Frank (2023): *Toxische Beziehungen.* https://www.psychologie-heute.de/beziehung/artikel-detailansicht/42593-toxische-beziehung.html#toc-sie-sind-in-einer-toxischen-beziehung-hier-finden-sie-hilfe [13.12.2023]

Lyubomirsky, Sonja et al. (2005): *The Benefits of Frequent Positive Affect: Does Happiness Lead to Success?* Psychological Bulletin, Vol. 131, No. 6, 803–855.

Parthum, Dani (2023): *Finanzielle Gewalt ist ein Tabu – und Alltag für Frauen.* https://www.capital.de/geld-versicherungen/finanzielle-gewalt-ist-ein-tabu---und-alltag-fuer-frauen-33203144.html [15.10.2023]

Peters, Sarah (2019): *Diese Trauerphasen müssen alle nach einer Trennung überstehen.* https://www.fr.de/ratgeber/gesundheit/diese-trauerphasen-muessen-alle-nach-einer-trennung-ueberstehen-11625229.html [05.12.2023]

Queer Lexikon. *Glossar.* https://queer-lexikon.net/glossar/ [06.03.2024]

Stanford University – Wu Tsai Neurosciences Institute (2021): *Why multitasking does more harm than good.* https://neuroscience.stanford.edu/news/why-multitasking-does-more-harm-good [02.01.2024]

Statista Research Department (2024): *Umfrage in Deutschland zur Häufigkeit von Einsamkeit nach Alter 2019.* https://de.statista.com/statistik/daten/studie/1014929/umfrage/umfrage-in-deutschland-zur-haeufigkeit-von-einsamkeit-nach-alter/ [31.12.2023]

Wesseldijk, L. W. et al. (2022): *Using a polygenic score in a family design to understand genetic influences on musicality.* Sci Rep 12, 14658.

Lesejury